폴 셰링 원작 | Written by Mike Pavone

PRISON BREAK

프리즌 브레이크 EPISODE-3

2007년 11월 13일 초판 1쇄

번역·해설 | 이일범
펴 낸 이 | 조치영
책임편집 | 이수정
편   집 | 윤정미
마 케 팅 | 이준승, 이동헌
경영지원 | 마하선
디 자 인 | 리드컴퍼니 이윤영
인   쇄 | 삼성인쇄주식회사
펴 낸 곳 | 스크린영어사

서울특별시 관악구 신림 9동 1514번지
TEL | (02)887-8416
FAX | (02)887-8591
http://www.screenplay.co.kr

등록일자 | 1997년 7월 9일
등록번호 | 제16-1495

책값 12,000원
ISBN 978-89-87915-82-1

- 낙장, 파본은 교환해 드립니다.

PRISON BREAK

EPISODE-3

PREFACE

항상 강조하는 말이지만 스크린 영어를 이용한 영어 학습은 영어 실력 향상의 왕도라고 아니할 수 없다. 요즘 흔히 접할 수 있는 원어민들도 오랜 시간을 함께하기 위해서는 경제적 희생이 만만치가 않으며, 또 유행병처럼 번지고 있는 어학 연수도 투자한 돈과 시간에 비해 큰 효과를 기대하기 어렵다. 현대를 슬기롭게 살아가는 경제인이라면 누구나 최소의 노력으로 최대의 효과를 얻는다는 경제의 기본 원리를 도외시할 수 없을 것이다. 같은 시간에 같은 노력을 투자하지만 비할 바 없이 저렴한 가격으로 누가 더 효과적으로 영어의 능숙한 사용자가 되는가 하는 문제는 우리들의 최대 관심사 가운데 하나가 아닐 수 없다.

따라서 스크린 영어를 통한 영어 학습법은 다양한 장점을 자랑한다. 외국어 학습에는 반복 훈련이 효율적이라는 데에는 이의를 제기할 사람이 없을 것이다. 그러나 같은 재료의 반복이란 지겨운 학습 과정을 수반할 수밖에 없어 동기 유발이 어렵다. 같은 재료라도 눈앞에서 흥미진진하게 펼쳐지는 명화들 속에서 오감을 자극하며 전개될 때에는 집중도나 언어 지식의 습득면에서 학습 효과는 더욱 클 수밖에 없다.

사실 우수한 영화는 21세기를 이끌어가는 최고의 산업으로서 천재적인 스태프와 배우들이 지혜와 아이디어를 총동원해 만들어낸 문화적

창작물인 동시에 미래를 예측하고 선도하는 아이디어 뱅크이며 태스크 포스이다. 그것들의 스토리나 대사, 영상미, 소품과 배경, 음악, 의상, 미술 어느 것 하나도 독자들의 흥미를 벗어나 존재하고 있지 않기 때문에 결국 스크린 영어를 통한 영어 학습은 일석이조(一石二鳥)가 아니라 일석구조, 십조의 효과를 얻을 수 있는 매우 경제적인 행위인 것이다. 거기에는 아이디어가 산재해 있고, 다양하며 깊이가 있는 정보가 가득하고, 인생의 멋과 맛이 담겨져 있다. 너욱 비람직한 것은 한 권의 어떤 책도 한 편의 영화만큼 현실감 있고 실용적인 영어 재료를 포함하고 있지 못하다는 점이다. 그러므로 스크린 영어는 가장 훌륭한 영어 교사인 동시에 가장 훌륭한 인생의 멘토인 것이다.

　여기 다시 〈프리즌 브레이크〉 시즌 1의 에피소드 3을 내놓는다. 아마도 앞의 두 에피소드를 본 사람은 이 작품의 출간을 고대했을 것이라 생각한다. 과연 마이클과 링컨 형제는 탈옥에 성공할 것인가? 애독자들이여, 숨막히게 전개되는 스토리와 장면들을 즐겨라. 어느덧 여러분의 귀가 트이고 입이 열릴 것이다. 가장 편안한 자세로 가장 저렴한 비용으로 눈앞에서 펼쳐지는 대리 경험을 만끽하면서 말이다.

CONTENTS

영어의 특징

　　에피소드 3의 영어 특징은 전체적으로 알아듣기에 난해한 편에 속한다. '어긋난 계획'이란 타이틀이 붙은 이 작품은 본격적으로 탈옥을 위한 계획 이행과 이를 방해하는 사건들이 박진감 있게 전개되는 에피소드이다. 따라서 쫓기는 자와 쫓는 자의 대결이 숨막히게 전개되는 가운데 긴박감을 주어야 하기 때문에 말의 속도가 자연히 빠를 수밖에 없다. 또한 점차 사건이 복잡해 지면서 교도소에서 쓰이는 용어를 비롯하여 어휘가 다양해졌으며 그 표현 또한 쉽지 않다. 탠크레디 의사가 사용하는 의학 용어를 비롯해서 새 감방 동료 인 헤이와이어의 증세에 대한 용어 등 어휘의 깊이를 더한다. 교도소 부소장 인 벨릭과 아브루치와 티백 그리고 수크레의 표현은 물론, 사형 집행일이 다가오는 링컨의 초조와 불안에서 터져 나오는 표현도 매우 이해하기 힘들다. 결국 살해당하고 마는 흑인 여성 레티샤의 증언도 만만치가 않다. 전반적으로 액션의 템포가 빨라진 만큼 대사의 양이 많은 데 비해 할당된 시간은 적은 편이므로 드라마를 감상하기에는 흥미진진하나 사용되고 있는 영어는 중상에 속한다고 볼 수 있다.

영어 난이도 The Degree of Difficulty ★★★★

속도 Speed ★★★★ **표현** Expression ★★★★ **어휘** Vocabulary ★★★★

1

놈들한테 당했구나, 그렇지?

THEY'VE GOTTEN TO YOU, HAVEN'T YOU?

PRISONBREAK

1. EXT. GARDEN SHED. DAY
The laughing sound is heard.

2. INT. GARDEN SHED. DAY
Michael's toes have been cut off and Michael is in a tremendous amount of pain. Blood covers the floor of the yard department. Abruzzi and his cronies hold Michael down, holding the gardening shears. Michael's eyes glaze over and he hyperventilates. C.O. Mack barges in.

C.O. MACK : Oh, my God. Williamson, get in here.

They sit Michael up. Abruzzi reaches down to pick up Michael's severed toes and bloody sock.

C.O. MACK : What the hell happened?

ABRUZZI : An accident.

C.O. MACK : Let me get in here. Hold on. Come on.

Michael is lifted into two C.O.s' arms and they help him hobble out of the garden shed. Shot of Abruzzi holding the sock. It's wrapped around something. He has a smile on his face.
Bellick enters after the three C.O.s and Michael have gone.

BELLICK : Get out.

Abruzzi's cronies leave the shed. Bellick approaches Abruzzi.

BELLICK : I thought you said you were gonna have a conversation with him.

ABRUZZI : Yeah, I did.

1. 외부. 야외 시설 창고. 낮
웃는 소리가 들린다.

2. 내부. 야외 시설 창고. 낮
마이클의 발가락이 잘려졌고 마이클은 굉장한 고통을 겪고 있다. 피가 운동장 부 바닥을 덮고 있다. 아브루치와 그의 일당들은 원예용 큰 가위를 들고 마이클을 내려놓는다. 마이클의 눈은 흐릿해지고 그는 흥분으로 크게 숨을 들이쉰다. 맥 교도관이 난입한다.

맥 교도관　　: 맙소사. 윌리엄슨, 빨리 와.

그들은 마이클을 일으켜 앉힌다. 아브루치는 마이클의 잘려나간 발가락과 피 묻은 양말을 집어올리기 위해 손을 뻗친다.

맥 교도관　　: 대체 어떻게 된 거야?
아브루치　　: 사고입니다.
맥 교도관　　: 나한테 맡겨. 잡아. 어서.

마이클은 두 교도관의 팔에 안겨 들려지고 그들은 마이클이 야외 시설 창고를 절뚝거리며 걷는 것을 도와준다.
카메라는 아브루치가 양말을 삽고 있는 것을 비춘다. 그것은 뭔가를 둘러싸고 있다. 그는 얼굴에 미소를 짓는다.
벨릭이 세 사람의 교도관과 마이클이 나간 뒤에 들어온다.

벨 릭　　　: 나가.

아브루치의 일당들은 창고를 나간다. 벨릭이 아브루치에게 접근한다.

벨 릭　　　: 그와 얘기만 할 거라고 했잖아.
아브루치　　: 네, 그랬죠.

- **glaze over**
  (눈이나 표정이) 흐릿해지다, 흐려지다
  - to begin to look bored or tired

- **hyperventilate**
  (흥분이나 놀람 등으로) 크게 숨을 들이 쉬다
  - to breathe too quickly because you are very frightened or excited

- **barge**
  난입하다, 침입하다, 끼어 들다
  - to move in an awkward way, pushing people out of the way or crashing into them
  - to enter a place or join a group of people rudely interrupting what somebody else is doing or saying

- **hobble**
  절뚝거리며 걷다, 비틀비틀 걷다
  - to walk with difficulty, especially because your feet or legs hurt

Hold on.
잡아.

▶ hold on은 '매달리다, 버티다, 지속하다, 견디다'의 뜻이며, '전화를 끊지 않고 기다리다'의 뜻도 있다.

He laughs and sighs.

ABRUZZI : Things, uh, escalated.

3. INT. ELEVATOR. DAY
Michael and the three guards walk out of an elevator. Michael is being helped to the infirmary.

4. INT. HALLWAY. DAY
Some C.O.s are seen.

C.O. : We need some help here.

Dr. Tancredi walks over to them.

DR. TANCREDI : Bring him on into three. Katie, I'm gonna need ten cc's of Xylocaine

5. INT. INFIRMARY. DAY
They enter the makeshift ER and the C.O.s place Michael carefully onto a gurney. Dr. Tancredi turns to look at him. Michael is trying his best not to cry, putting his hands up to his face.

DR. TANCREDI : (to the C.O.s standing around) Thanks, guys. I'll take it from here.

The C.O.s hesitate, unsure.

그는 웃으면서 한숨을 쉰다.

아브루치   : 감정이 격해져서.

3. 내부. 엘리베이터. 낮
마이클과 세 명의 교도관이 엘리베이터에서 걸어 나온다. 마이클은 그들의 도움을 받아 의무실로 간다.

4. 내부. 복도. 낮
몇몇 교도관들이 보인다.

교도관   : 여기 누구 좀 도와줘요.

탠크레디 의사가 그들에게 다가온다.

탠크레디 의사   : 3호실로 옮겨요. 케이티, 크실로카인 10cc 준비
해요.

5. 내부. 의무실. 낮
그들은 임시변통의 응급실로 들어오고 교도관들은 마이클을 조심스럽게 침대 위에 눕힌다. 탠크레디 의사는 돌아서서 그를 바라본다. 마이클은 얼굴에 손을 얹으면서 울지 않으려고 안간힘을 쓰고 있다.

탠크레디 의사   : (주위에 서 있는 교도관들에게) 수고들 했어요. 여기서
부터는 제가 맡을게요.

교도관들이 확신하지 못하고 주저한다.

■ **Xylocaine**
〈상표명〉 크실로카인(국부 마취제)

■ **makeshift**
임시변통의, 일시적인
- used temporarily for a particular
  purpose because the real thing is
  not available

■ **ER**
응급실(emergency room의 약어)

■ **gurney**
(바퀴가 달린 환자 수송용) 들것, 침대
- a type of trolley which is used for
  moving patients in a hospital

I'll take it from here.

여기서부터는 제가 맡을게요.

▶ take는 '(책임 등을) 지다, 떠맡다, 역할을 하다'의 뜻임.

DR. TANCREDI : I said thank you. (firmly) I'll take it from here.

C.O. Stolte drops Michael's boot on the ground.

C.O. MACK   : Let's go.

The C.O.s all leave.
The shot goes to a close up of a rough bandage around Michael's foot. The whole thing is bloodied. Dr. Tancredi brings over a small working tray.

DR. TANCREDI : Okay, let's take a look at you.

She goes to unwrap the sock covering the foot and Michael, crying, grabs her wrists frantically, needing her to be gentle, not able to handle very much more.

DR. TANCREDI : (softly, gently) You're okay, you're okay.

Michael whimpers.
She quickly, but gently takes the bandage off. Michael sees his foot. Two of Michael's toes are missing. His little toe and the one beside it. A tear falls from Michael's face and he lays back, his fists over his eyes to stop himself from crying.

DR. TANCREDI : (seeing this) What happened?

MICHAEL   : (taking in a deep breath) Nothing.

DR. TANCREDI : This isn't nothing, Michael. I need you to tell me what happened.

Michael, almost delirious in the excruciating pain, closes his eyes.

탱크레디 의사　：됐다고 했잖아요. (확고하게) 여기부터는 제가 알아
　　　　　　　　서 할게요.

스톨트 교도관이 마이클의 신발을 바닥 위에 떨어뜨린다.

맥 교도관　　：나가자.

교도관들이 다 나간다.
카메라는 마이클의 발 주위를 감고 있는 조잡한 붕대를 클로즈업으로 잡는다.
전체가 피로 물들어 있다. 탱크레디 의사는 작은 작업 쟁반을 갖고 온다.

탱크레디 의사　：좋아요, 어디 한 번 봅시다.

그녀는 다가가 발을 덮고 있는 양말을 벗기고 마이클은 울면서 더 이상 다룰
수가 없으니 좀 살살 하라고 그녀의 팔목을 미친 듯이 잡는다.

탱크레디 의사　：(부드럽게, 상냥하게) 괜찮아요, 괜찮아요.

마이클은 울먹인다.
그녀는 재빨리 그러나 살살 그 붕대를 벗겨 낸다. 마이클은 자신의 발을 본다.
마이클의 발가락 두 개가 없어졌다. 그의 새끼발가락과 그 옆의 발가락이다.
마이클의 얼굴로부터 눈물이 떨어지며, 자신이 울지 않도록 하기 위해서 자기
주먹을 눈 위에 올려놓고 마음을 편안히 가지려 애쓴다.

탱크레디 의사　：(이것을 보면서) 어떻게 된 거죠?
마이클　　　：(깊게 심호흡을 하면서) 아무것도 아니에요.
탱크레디 의사　：아무것도 아닌 게 아니잖아요, 마이클. 어떻게
　　　　　　　　된 건지 말해요.

견딜 수 없는 고통으로 거의 제정신이 아닌 상태로 마이클은 눈을 감는다.

- **rough**
  조잡한, 대충의
  - having a surface that is not even
    or regular
  - not exact

- **bring over**
  ~을 (멀리서) 갖고 오다

- **frantically**
  미친 듯이, 극도로 흥분하여
  - frantic
    unable to control your emotions
    because you are extremely
    frightened or worried about
    something

- **whimper**
  흐느껴 울다, 울먹이다
  - to make low, weak crying noises
  - to speak in this way

- **delirious**
  헛소리하는, (일시적) 정신 착란의, 제
  정신이 아닌
  - in an excited state and not able to
    think or speak clearly, usually
    because of fever

- **excruciating**
  극심한 고통을 주는, 몹시 괴로운, 견
  딜 수 없는
  - extremely painful

This isn't nothing.
아무것도 아닌 게 아니잖아요.

▶ nothing은 '하찮은 일〔사건, 물건〕'의 뜻으로 명사형임.

MICHAEL : Don't make me lie to you.

Dr. Tancredi looks up sharply, slightly alarmed.

MICHAEL : Please.

He gulps and moves his torso in an attempt to control the pain.

6. INT. HALLWAY. DAY
Dr. Tancredi walks out of the ER and over to Bellick, who is talking with some of the other C.O.s. They are talking softly.

BELLICK : All right, you guys?

C.O. MACK : Yeah, no problem.

C.O. : Yes, sir.

Dr. Tancredi comes into view. Bellick begins to walk off. Dr. Tancredi follows.

DR. TANCREDI : I think you better have I.A. start an investigation.

She offers him a file.

BELLICK : (taking off his cap) Oh, there's no need. We know what happened.

DR. TANCREDI : Uh, perhaps you'd be good enough to enlighten me.

BELLICK : There was a pair of gardening shears left on the floor of the shed. Evidently he stepped on 'em.

마이클   : 거짓말하고 싶지 않아요.

탠크레디 의사는 약간 놀라면서 그를 예리하게 올려다 본다.

마이클   : 부탁이에요.

그는 침을 꿀꺽 삼키고 고통을 참아보려는 뜻에서 몸통을 움직인다.

6. 내부. 복도. 낮
탠크레디 의사가 응급실을 나와 벨릭에게 가는데 그는 다른 교도관들과 이야기를 나누고 있다. 그들은 조용히 말을 하고 있다.

벨 릭   : 괜찮아, 자네들?
맥 교도관   : 네, 문제 없습니다.
교도관   : 알겠습니다.

탠크레디 의사가 보인다. 벨릭은 자리를 뜨기 시작한다. 탠크레디 의사가 뒤를 따른다.

탠크레디 의사   : 내사과에 조사를 의뢰하는 게 좋겠어요.

그녀는 그에게 파일을 준다.

벨 릭   : (모자를 벗으면서) 아, 필요 없습니다. 저희가 경위
                를 아니까요.
탠크레디 의사   : 글쎄요, 나에게 밝힐 정도로 좋으신 분일까요?
벨 릭   : 창고 바닥에 원예용 가위가 있었어요. 분명히 그
                는 그걸 밟은 겁니다.

- **torso**
  (인체의) 몸통, 나체 흉상
  - the main part of the body, not including the head, arms or legs

- **I.A.**
  내사과
  - Internal Affairs (law enforcement), a division of a law enforcement agency which investigates incidents and suspicions of lawbreaking and professional misconduct attributed to officers on the force

- **enlighten**
  ~을 밝히다, 설명하다, 가르치다
  - to give somebody information so that they understand something better

There's no need.
필요 없습니다.

▶ There's no need to do that.이 준 표현으로 You don't have to do that.의 뜻임.

DR. TANCREDI : The blade went right through his boot, huh?

BELLICK : (missing where she is leading this) Yeah.

DR. TANCREDI : So, uh, why wasn't the boot still on his foot?

BELLICK : Like I said, Doc. We got it taken care of.

He puts his hat on. He turns to the other C.O.s.

BELLICK : Let's go.

They move off. Dr. Tancredi looks after them disbelievingly then turns back to the infirmary.

7. INT. MICHAERL'S CELL. NIGHT
Close up on the freshly bandaged foot. The shot moves up Michael's body to his face. He is lying on a bunk and keeps thinking about what happened and the entire situation he put himself in. He gasps occasionally in pain, trying not to cry. With one hand he squeezes his eyes and the bridge of his nose to try and stop the tears and the pain. A glimpse of hopelessness and desperation crosses over his features.

8. EXT. FOX RIVER. YARD. DAY
Pan over Fox River slowly.
Close up of Michael's boot, and a rake. He is getting used to walking without two toes in his boots. He is feigning the job of raking. He's by a fence.
Close up of Lincoln. He rams himself right up against the fence and rattles it angrily.

LINCOLN : (from the other side of the fence) I'm gonna kill that scum.

MICHAEL : You won't. You kill him, you kill our express ticket outta here.

LINCOLN : Look what he did to you.

탠크레디 의사 : 가위 날이 신발을 뚫었다고요?

벨 릭 : (그녀가 이 말을 끌고 가고 있는 부분을 놓치며) 그렇죠.

탠크레디 의사 : 그렇다면 신발은 왜 벗겨져 있었죠?

벨 릭 : 말씀드린 대로입니다, 의사 선생님. 저희가 처리 하겠습니다.

그는 모자를 쓴다. 그는 다른 교도관들에게 돌아선다.

벨 릭 : 가자.

그들은 자리를 뜬다. 탠크레디 의사는 그들이 가는 것을 의심스럽게 바라보고 는 의무실로 돌아 들어간다.

7. 내부. 마이클의 감방. 밤

카메라는 새롭게 붕대를 감은 발을 비춘다. 장면은 움직여 마이클의 몸에서 얼굴로 간다. 그는 자기 침대에 누워서 일어난 일과 자신이 처한 전반적인 상 황을 계속 생각한다. 그는 울지 않으려고 때때로 고통스럽게 숨을 몰아 쉰다. 한 손으로는 눈과 콧날을 누르면서 눈물과 고통을 멈추기 위해 애를 쓴다. 그 의 얼굴 위로 절망과 자포자기의 희미한 빛이 교차된다.

8 외부. 폭스 리버. 운동장. 낮

카메라는 천천히 회전하며 폭스 리버 교도소를 비춘다.
카메라는 다시 마이클의 신발과 갈퀴를 비춘다. 그는 신발 속에 두 발가락이 없이 걷는 데 익숙해지고 있다. 그는 갈퀴질하는 척한다. 그는 울타리 옆에 서 있다.
카메라는 링컨을 클로즈업으로 잡는다. 그는 울타리에 대고 세게 몸을 부딪치 고는 화가 나서 그것을 덜컥덜컥 흔든다.

링 컨 : (울타리 반대편에서) 그 자식 죽여버리겠어.

마이클 : 안 돼. 그를 죽이면 탈옥도 불가능해.

링 컨 : 그 놈이 네게 한 짓을 봐.

- **squeeze**
  ~을 짜내다, 압착하다
  - to press something firmly, especially with your fingers
  - to get liquid out of something by pressing or twisting it hard

- **bridge**
  콧날, 안경의 코걸이
  - the hard part at the top of the nose, between the eyes

- **glimpse**
  어렴풋이 감지함, 희미한 빛
  - a short experience of something that helps you to understand it

- **desperation**
  자포자기

- **ram**
  ~을 부딪치다, 억지로 밀어 붙이다, 격 돌하다
  - to push something somewhere with force

- **rattle**
  ~을 덜컥덜컥 움직이다
  - to make a series of short loud sounds when hitting against something hard
  - to make something do

- **scum**
  인간 쓰레기, 찌꺼기
  - an insulting word for people that you strongly disapprove of

Like I said, Doc.
말씀드린 대로입니다, 의사 선생님.

▶ like는 구어체에서 접속사로 쓰여 as와 같이 '~같이, 처럼'의 의미가 된다.

Michael raises his foot off the ground as he stands, so he doesn't have to put pressure on it.

LINCOLN : (shaking his fence) You're not gonna last a second in this place unless I do somethin' about it.

MICHAEL : (calm) You ever hear of Top Flight Charters?

LINCOLN : (sighing) Yeah.

MICHAEL : They operate flights from small airfields across the Midwest. Like the one ten miles from here.

Shot of Abruzzi playing poker.

MICHAEL : They're run by a shell corporation Abruzzi owns. We get him on board, there's gonna be a midnight flight waiting for us the night we get outside those walls.

LINCOLN : You're willing to risk the entire escape on a guy you don't even know?

MICHAEL : Preparation can only take you so far.

He looks up to the block roof and a C.O. watch tower.

MICHAEL : After that, you gotta take a few leaps of faith.

Lincoln rattles his fence with frustration and walks away from the fence.

LINCOLN : Abruzzi's a huge leap of faith, Michael.

마이클은 서면서 땅에서 자신의 발을 들어 올린다. 그러니까 발에다 힘을 줄 필요가 없다.

링 컨 : (울타리를 흔들면서) 그 일에 대해 내가 가만 있으면 넌 여기서 1초도 못 버텨.

마이클 : (침착하게) 톱 플라이트 항공 회사 들어 봤어?

링 컨 : (한숨을 쉬며) 그래.

마이클 : 중서부 지역 소규모 공항에서 운영되는데 16km 쯤 가면 그런 공항이 있어.

카메라는 아브루치가 포커를 하고 있는 것을 잡는다.

마이클 : 아브루치 소유인 유령 회사가 운영하지. 녀석을 끌어들이면 탈옥 날 심야 비행기를 탈 수 있을 거야.

링 컨 : 알지도 못하는 녀석에게 탈옥 계획을 위험에 내 맡기겠단 거야?

마이클 : 준비는 여기까지만 효력이 있어.

그는 건물의 지붕과 교도관의 감시탑을 올려다 본다.

마이클 : 나머진 신뢰 관계에 맡겨야지.

링컨은 좌절하면서 울타리를 흔들고는 울타리에서 멀어져 간다.

링 컨 : 아브루치는 어디로 튈지 모르는 놈이야, 마이클.

- **charter**
  (배, 버스, 비행기 등의) 전세 (계약), 용선 (계약)

- **airfield**
  (설비 없는) 이착륙장, 비행장
  - an area of flat ground where military or private planes can take off and land

- **shell corporation**
  자산이나 사업 활동이 없는 명의 뿐인 회사

- **take a few leaps**
  몇 단계 도약하다

Preparation can only take you so far.

준비는 여기까지만 효력이 있어.

▶ so far는 '여기까지, 이 정도까지'의 뜻으로 결국 준비에는 한계가 있다는 의미가 됨.

MICHAEL   : I'm not talking about Abruzzi. There's someone else who holds the key to this entire thing. With him, it either works, or it doesn't.

He looks over to the entrance to the yard. Sucre is coming in, a guard on either side of him. He's just got back from the SHU.

MICHAEL   : Problem is, I couldn't know who that was until he got in here.

He turns and sees two C.O.s bringing Sucre out from the SHU.
Lincoln strides back to the fence, incredulous.

LINCOLN   : Sucre? You can't be serious. The guy's a thief, Michael. He can't be trusted.

He grabs the fence with his hands and paces up and down beside the fence.

MICHAEL   : Gonna have to trust him, because he's my cellmate.
LINCOLN   : How well do you know him?
MICHAEL   : Not as well as a man can in a week.
LINCOLN   : You tell him, he tells everyone, we're done. You know that, right?
MICHAEL   : If we don't get him on board, there's not gonna be any digging in that cell. If there's no digging in that cell, (pauses) then there's no escape.

마이클 : 아브루치에 대해 얘기하고 있는 게 아냐. 이 모든 계획의 열쇠를 쥐고 있는 사람은 따로 있어. 그에게 성공 여부가 달려 있어.

그는 운동장의 입구를 바라본다. 수크레가 양옆에 교도관과 함께 들어오고 있다. 그는 독방에서 막 나온 것이다.

마이클 : 문제는 그 사람이 누군지 여기 들어와야만 알 수 있다는 거였지.

그는 돌아서서 두 교도관이 수크레를 독방에서 데리고 나오는 것을 본다. 링컨은 의심하는 듯이 울타리로 성큼 돌아온다.

링 컨 : 수크레 말이야? 농담 마. 그 녀석은 절도범이야, 마이클. 믿을 만한 놈이 아니라고.

그는 양손으로 울타리를 잡고는 울타리 옆을 왔다갔다 한다.

마이클 : ㄱ가 **빵** 동기니까 믿을 수밖에 없어.
링 컨 : 녀석을 얼마나 잘 알아?
마이클 : 일주일 동안 알 만큼은.
링 컨 : 놈에게 말하면 전부 까발리고 돌아다닐 거야, 그럼 끝장이야. 알아들어?
마이클 : 녀석을 합류시키지 않으면 감방에서 탈출구를 팔 수 없어. 감방에서 팔 수 없으면, (잠시) 그럼 탈옥도 불가능해.

■ **stride**
큰 걸음으로 걷다, 성큼성큼 걷다
- (not used in the perfect tenses) to walk with long steps in a particular direction

■ **incredulous**
의심하는 듯한, 회의적인
- not willing or not able to believe something
- showing an inability to believe something

You can't be serious.
진담일 리가 없어.

▶ No kidding.과 같이 '농담 마라.'란 뜻의 표현이다.

Shot zooms into Lincoln's eyes.
The opening credits begin.

9. EXT. FOX RIVER. YARD. DAY

Many inmates are hanging around on the yard.
The phone is ringing. Sucre stands by the phones. He is calling Maricruz on a communal phone.

ANSWERING MACHINE : Thank you for calling. Please leave a message after the tone.

The answering machine beeps.

SUCRE : Maricruz. It's me, baby. Are you there? Pick up if you're there, mommy. I've been in the SHU. I've been thinking about you ...

10. INT. MARICRUZ'S HOUSE. DAY

Maricruz's mother, Mrs. Delgado, walks over to the phone on the table.

SUCRE : (V.O.) ... about your body. God, I've been thinking about your body.

Intercut between the yard and Maricruz's house.
Mrs. Delgado picks up the phone on the other end.

MRS. DELGADO : Hello?

SUCRE : Uh, Mrs. Degado. Hi. How you doin'? It's me, Fernando.

카메라는 링컨의 눈을 확대해 비춘다.
자막이 시작된다.

9. 외부. 폭스 리버. 운동장. 낮

많은 수감자들이 운동장 주위를 돌아다닌다.
전화가 울리고 있다. 수크레는 전화기 옆에 서 있다. 그는 공동 전화로 마리크
루즈에게 전화를 하고 있다.

자동 응답기   : 전화 주셔서 감사합니다. 신호음이 나면 메모를
                 남겨 주세요.

자동 응답기가 삐 하고 울린다.

수크레   : 마리크루즈. 나야. 듣고 있어? 있으면 받아. 독
                 방에 들어 갔었어. 쭉 자기 생각만 했지…

10. 내부. 마리크루즈의 집. 낮

마리크루즈의 어머니인 델가도 부인이 테이블의 전화로 걸어간다.

수크레   : (목소리) …자기 몸하고. 쭉 자기 몸만을 생각했어.

카메라는 운동장과 마리크루즈 집 사이를 번갈아 비춘다.
델가도 부인이 다른쪽에서 전화를 받는다.

델가도 부인   : 여보세요?
수크레   : 아, 델가도 부인. 안녕하세요. 어떻게 지내십니
                 까? 페르난도입니다.

- **communal**
  공동의, 공용의
  - shared by, or for the use of, a number of people, especially people who live together
  - involving different groups of people in a community

- **mommy**
  〈구어〉(소아어) 엄마(mummy). 스페인어와 영어의 철자가 같다. 여기서는 수크레의 말버릇으로 하는 말로 특별한 의미가 없다.

Please leave a message after the tone.

신호음이 나면 메모를 남겨 주세요.

▶ 전화를 받지 않을 때 나는 관용적인 표현으로 tone은 '전화의 발신음, 신호음'을 말한다.

Awkward silence as she doesn't respond.

SUCRE : Uh, sorry to bother you at home, but, uh, you know what's up with Maricruz's cell phone? It just keeps going straight to voice mail.

MRS. DELGADO : Maybe she has it turned off.

SUCRE : Any chance you know where she is?

MRS. DELGADO : I know exactly where she is.

SUCRE : And that would be?

MRS. DELGADO : With Hector.

SUCRE : (getting upset) Hector?

MRS. DELGADO : That's right. They're at the mall, I think.

SUCRE : I don't suppose next time you see her you could have her turn her phone back on?

There's no answer.

SUCRE : Mrs. Delgado, I know you don't like me. But I love your daughter, and she loves me. We're gonna get married, you know.

MRS. DELGADO : If you were a decent man and you really loved her, you'd let her live her life.

SUCRE : (edgily) What's that supposed to mean?

MRS. DELGADO : I'll tell her you called.

She hangs up.
Sucre hits the phone box with the phone hard angrily and hangs up.

그 여자가 대답을 하지 않을 때 어색한 침묵이 흐른다.

수크레 　　　　: 음, 귀찮게 해드려서 죄송합니다만, 마리크루즈의 휴대전화가 왜 그러죠? 계속 음성 메일로 바로 넘어가던데.

멜가도 부인 　: 아마 꺼 놨을 거요.

수크레 　　　　: 혹시 그녀가 어디 있는지 아세요?

멜가도 부인 　: 걔가 어디 있는지 잘 알고 있지.

수크레 　　　　: 그게 혹시?

멜가도 부인 　: 헥터랑 있어요.

수크레 　　　　: (속이 뒤집히며) 헥터요?

멜가도 부인 　: 그래요. 둘이 쇼핑하고 있을 거요.

수크레 　　　　: 다음에 마리크루즈 보시게 되면 휴대전화 좀 켜 놓으라고 하세요.

대답이 없다.

수크레 　　　　: 멜가도 부인, 절 좋아하지 않으시는 거 압니다. 하지만 따님을 사랑하고, 따님도 절 사랑하고 있어요. 우린 곧 결혼할 겁니다, 아시잖아요.

멜가도 부인 　: 자네가 괜찮은 남자고 내 딸을 정말로 사랑한다면 내 딸이 자기 길을 가도록 놓아주게.

수크레 　　　　: (날카롭게) 그게 무슨 뜻이죠?

멜가도 부인 　: 전화 왔었다고 전함세.

그녀는 전화를 끊는다.
수크레는 화가 치밀어 수화기로 전화통을 치고는 끊는다.

■**awkward**
(사람이나 동작 등이) 어색한, 거북한, 꼴사나운, 서투른, 다루기 힘든
- making you feel embarrassed
- difficult to deal with
- difficult or dangerous because of its shape or design
- not graceful

■**decent**
점잖은, 예절 바른, 단정한, 너그러운
- of a good enough standard or quality
- (of people or behavior) honest and fair
- treating people with respect
- acceptable to people in a particular situation

■**edgily**
날카롭게, 〈구어〉 신랄하게, 초조하게
 • edgy
  - (*informal*) nervous, especially about what might happen

Any chance you know where she is?
혹시 그녀가 어디 있는지 아세요?

▶ Is there any chance you know where she is?로 chance는 '(가능성이 큰) 가망'의 뜻.

11. INT. MICHAEL AND SUCRE'S CELL. NIGHT
Sucre reaches up his wall to grab a picture of him and Maricruz together.
He looks at it. Meanwhile, down on the lower bunk, Michael thinks deeply.
Camera pushes in on the tattoo, on the complex images and designs.
Flashback.
Intercut between Michael's apartment and his cell.

12. INT. MICHAEL'S APARTMENT. NIGHT
The wall is covered with newspaper clippings, pictures and sticky notes. Michael
paces the room, pinning sticky notes on a blown-up picture of Fox River. Camera
pushes into one tacked-up note which says "Cell Test."

13. INT. MICHAEL'S CELL. DAY
Cut back to the cell. A buzzer sounds and Michael wiggles slightly, and holds up
something. It's a cell phone.

14. INT. MACHINE SHOP. DAY
An Aryan brother is working on a grinder. T-Bag comes over to him with a Bible in
his hand.

T-BAG : I'm lookin' to do some damage.

ARYAN BROTHER #1 : Well, you come to the right place.

T-BAG : I wanna do it slow.

He wiggles his fingers.

T-BAG : (whispers) Inflict the maximum amount of pain so the guy wishes he'd just die, you know, and get it over with, but just can't quite get there.

ARYAN BROTHER #1 : (smiles wryly) Oh, I got that. I got that.

The two move into a corner of the machine shop so that the security camera can't
see what they're doing.

11. 내부. 마이클과 수크레의 감방. 밤
수크레는 벽에 손을 뻗어 자신과 마리크루즈가 함께 찍은 사진을 떼어낸다.
그는 사진을 본다. 그동안, 아래쪽 침대에서는 마이클이 곰곰이 생각에 잠긴다.
카메라가 문신에 다가서며 복잡한 모양과 모형을 비춘다.
플래시백.
마이클의 아파트와 그의 감방이 번갈아 비친다.

12. 내부. 마이클의 아파트. 밤
벽에는 온통 신문 짜른 것, 사진 그리고 점착성 쪽지들로 덮여 있다. 마이클은
폭스 리버 교도소의 확대한 사진 위에 점착성 쪽지를 붙이며 방을 왔다갔다
한다. 카메라가 압정으로 고정시킨 '감방 테스트'라는 쪽지를 비춘다.

13. 내부. 마이클의 감방. 낮
다시 감방. 버저가 울리자 마이클은 약간 몸을 움직이고는 뭔가를 잡아든다.
그것은 휴대전화다.

14. 내부. 기계 공장. 낮
한 비유대계 백인이 그라인더에서 작업을 하고 있다. 티백이 손에 성경책을
들고 들어온다.

티 백　　　　: 상처 줄 물건을 찾고 있네.

아리아인 죄수 1 : 제대로 찾아왔군요.

티 백　　　　: 천천히 죽이고 싶거든.

그는 손가락을 움직거린다.

티 백　　　　: (속삭인다) 차라리 죽고 싶을 만큼 극도의 고통을
　　　　　　　　주고 싶어, 죽지 않을 정도로 말이야.

아리아인 죄수 1 : (비딱하게 웃는다) 아, 알아들었어요. 알아들었어요.

두 사람은 보안 카메라가 자신들이 뭘 하는지를 보지 못하게 기계 공장의 한
구석으로 움직인다.

- **sticky**
  달라붙는, 점착성의
  - made of or covered in a substance that sticks to things that touch it
  - (of paper, labels, etc.) with glue on one side so that you can stick it to a surface

- **blown-up**
  확대한
  - filled with air or gas so that it becomes firm
  - making a photograph bigger

- **wiggle**
  몸을 좌우로 움직이다, 흔들다
  - to move from side to side or up and down in short quick movements
  - to make something move in this way

- **Aryan**
  비유대계 백인의, 아리아 사람의

- **grinder**
  그라인더, 숫돌, 분쇄기

- **wryly**
  찡그려, 비딱하게, 빈정대며
  • wry
    showing that you are both amused and disappointed or annoyed

I'm lookin' to do some damage.

상처 줄 물건을 찾고 있네.

▶ do damage to는 '~에게 손해를 끼치다, 피해〔상처〕를 입히다'의 뜻임.

ARYAN BROTHER #1 : Look at this right here, boss.

He takes out a knife that has five razor-sharp edges jutting out from one side.

ARYAN BROTHER #1 : I call it The Gutter. You jam it up there in the stomach, and these bits right here hook the intestines. You give it a pull back, poor sucker's guts are hangin' right out of his stomach. And he'll get a real good look at 'em 'cause the wound's not fatal. At least not until the infection sets in.

He smiles and hands it to T-Bag. T-Bag slips it into his Bible.

T-BAG : (whispering into his ear) You're one sick puppy, you know that?

He pats the inmate's shoulder.

ARYAN BROTHER #1 : Thank you. (smiles)

15. INT. OPEN VISITING AREA. DAY
Michael walks over to a table, limping slightly where Veronica sits to meet him. Veronica stands up as he approaches. Her eyes flick down to his limping feet, then back up to his face.

VERONICA : What happened?

MICHAEL : I'm okay.

아리아인 죄수 1 : 이걸 보세요, 보스.

그는 한쪽에 다섯 개의 매우 날카로운 날이 튀어나와 있는 칼을 꺼낸다.

아리아인 죄수 1 : '창자 후비개'라고 하죠. 이걸 놈의 배에 쑤셔 넣으면 즉시 갈고리에 창자가 걸려 배 밖으로 나와 너덜거리게 되거든요. 놈은 자기 창자를 빤히 보게 되죠. 당장 죽지는 않지만 세균 감염이 되면 죽게 되겠지만요.

그는 미소를 지으며 티백에게 그 칼을 준다. 티백은 그것을 성경 속에 꽂아 넣는다.

티 백 : (그의 귀에다 속삭이면서) **넌 고약한 놈이야, 알아?**

그는 그 수감자의 어깨를 툭툭 친다.

아리아인 죄수 1 : 감사합니다. (미소짓는다)

15. 내부. 공개 면회실. 낮
마이클이 약간 발을 절면서 테이블로 걸어오는데 거기에는 베로니카가 그를 면회하기 위해 앉아 있다. 베로니카는 그가 다가오자 일어선다. 그녀의 눈은 마이클의 절뚝거리는 발로 내려갔다가 다시 그의 얼굴로 올라간다.

베로니카 : 어떻게 된 거야?
마이클 : 난 괜찮아.

■ **razor-sharp**
매우 날카로운

■ **jut**
튀어나오다, 돌출하다
- to stick out further than the surrounding surface, objects, etc.

■ **gutter**
홈통, 도랑
- a long curved channel made of metal or plastic that is fixed under the edge of a roof to carry away the water when it rains

■ **jam**
~을 쑤셔 넣다, 채워 넣다, 끼우다
- to push something somewhere with a lot of force

■ **intestine**
창자, 장, 소장
- a long tube in the body between the stomach and the anus

■ **gut**
창자, 내장

■ **flick**
홱 움직이다, 쓱 훑어보다
- to move or make something move with sudden quick movements

You're one sick puppy.
넌 고약한 놈이야.

▶ puppy는 경멸의 뜻으로 '건방진 애송이', sick은 '메스꺼운, 구역질 나는'의 뜻이다.

He sits down and she does too.
Michael can't quite seem to look at her.

VERONICA   : They've gotten to you, haven't they?

Michael looks at her.

VERONICA   : The other prisoners. My God, Michael, this place is gonna kill you.

MICHAEL   : (ignoring it) You said you talked to a woman. What was her name?

VERONICA   : Leticia.

MICHAEL   : Leticia Barris.

VERONICA   : (surprised) How'd you know?

MICHAEL   : A year ago, I was doing exactly what you're doing. Trying to find out the truth. It's a bottomless pit, Veronica. They designed it that way, so that by the time you got to the bottom of it, Lincoln would be dead.

VERONICA   : Why didn't you tell me you were doin' this?

MICHAEL   : Once the day was set, once that final appeal had been rejected, he had sixty days to live. I figured I could play their game and watch him die in the process, or I could take matters into my own hands.

Michael looks down. Veronica leans in.

그가 앉자 그녀도 앉는다.
마이클은 그녀를 바라볼 수가 없는 것 같다.

베로니카 : 놈들한테 당했구나, 그렇지?

마이클은 그녀를 바라본다.

베로니카 : 다른 죄수들한테 말이야. 세상에, 마이클, 여기 계속 있다간 죽겠어.
마이클 : (그 말을 무시하며) 한 여자랑 얘기했다며. 이름이 뭐였어?
베로니카 : 레티샤.
마이클 : 레티샤 배리스군.
베로니카 : (놀라며) 네가 어떻게 알아?
마이클 : 나도 너처럼 1년 전에 꼭 그랬거든. 진실을 찾아내려고 애를 썼지. 밑 빠진 독이야, 베로니카. 그 자들이 함정을 파 놔서 네가 밑바닥에 도달할 때가 되면, 결국 링컨은 죽게 되어 있어
베로니카 : 왜 진작 그런 말 안 했어?
마이클 : 사형 집행일이 확정되고 마지막 항소도 기각되자 형에겐 60일밖에 여유가 없었어. 놈들 손에 놀아나며 그 과정에서 형이 죽는 걸 보느니 내가 나서기로 했지.

마이클은 시선을 떨군다. 베로니카가 몸을 앞으로 내민다.

- **pit**
  (지면의) 구멍, 구덩이, 팬 곳, 함정
  - a large deep hole in the ground
  - (especially in compounds) a deep hole in the ground from which minerals are dug out

- **final appeal**
  항소, 상고, 상고권
  - appeal
  - a formal request to a court of law or to somebody in authority for a judgment or a decision to be changed

They've gotten to you, haven't they?

놈들에게 당했구나, 그렇지?

▶ get to는 '~을 괴롭히다, 못살게 굴다, ~에게 영향을 주다'의 뜻임.

VERONICA	: You don't have to do that. Leticia knows something. If I can get it out of her, maybe we can reopen Lincoln's case.
MICHAEL	: (looking at her) What'd she tell you?
VERONICA	: She said someone else was behind the killing of the Vice President's brother.
MICHAEL	: Who?
VERONICA	: She got spooked. She took off before I could get anything out of her.

A bell sounds. Michael looks around and they both begin to stand.

VERONICA	: She's holed up in the Elysian Fields Project. I'm gonna go see her this afternoon.
MICHAEL	: That place is dangerous. You should take someone with you.
VERONICA	: Who?
MICHAEL	: Fiancée'd be a good place to start.
VERONICA	: I think that's probably the last thing in the world Sebastian'd ever wanna do.
MICHAEL	: (seriously) It's good to see you.
VERONICA	: You, too.

They hold each other's eyes for a while and then she walks off to leave. Michael watches her go and then heads off the opposite direction.

베로니카	: 이럴 필요 없어. 레티샤가 뭔가 알아. 그녀에게서 그걸 알아내면 링컨 사건을 재개할 수 있어.
마이클	: (그녀를 보면서) 그 여자가 뭐래?
베로니카	: 부통령 남동생 살해 사건에 배후가 있다더군.
마이클	: 누군데?
베로니카	: 그 여잔 겁먹었어. 내가 뭘 알아내기 전에 놀라 도망쳤지.

벨이 울린다. 마이클은 주위를 살피고 그들은 함께 일어나기 시작한다.

베로니카	: 그녀는 엘리션 필즈 주택 단지에 숨어서 살고 있어. 오늘 오후에 만나야겠어.
마이클	: 거긴 위험한 곳이야. 누군가와 함께 가도록 해.
베로니카	: 누구?
마이클	: 약혼자한테 부탁해 봐.
베로니카	: 그건 누구보다도 아마 세바스찬이 가장 꺼리는 일일걸.
마이클	: (진지하게) 만나서 반가웠어.
베로니카	: 나도 그래.

그들은 잠시 서로의 눈을 바라보고 그녀는 자리를 뜬다. 마이클은 그녀가 가는 것을 지켜보고는 반대 방향으로 향한다.

- **spook**
  〈구어〉 위협하다, 떨리게 하다
  - to frighten a person or an animal
  - to become frightened

- **hole up**
  잠복하다, 동면하다, 숨기다, 밀어 넣다
  - to hide in a place

- **Elysian Fields**
  〈그리스 신화〉 엘리시움(선량한 사람들이 죽은 후 사는 곳), 극락, 행복의 이상향, 낙원

- **project**
  공동 주택, 주택 단지
  - housing project
  - a group of houses or flats/ apartments built for poor families, usually with government money

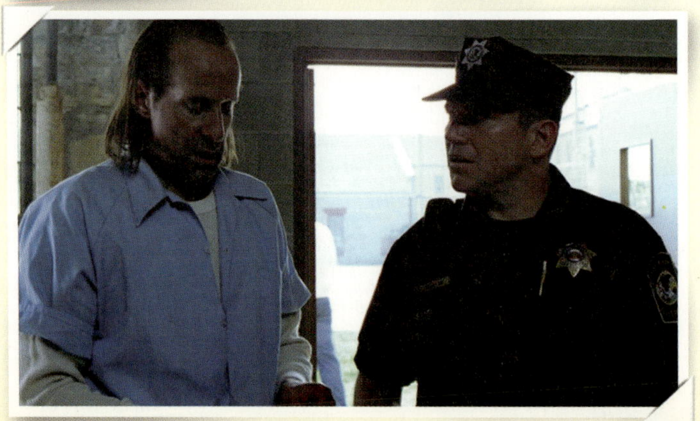

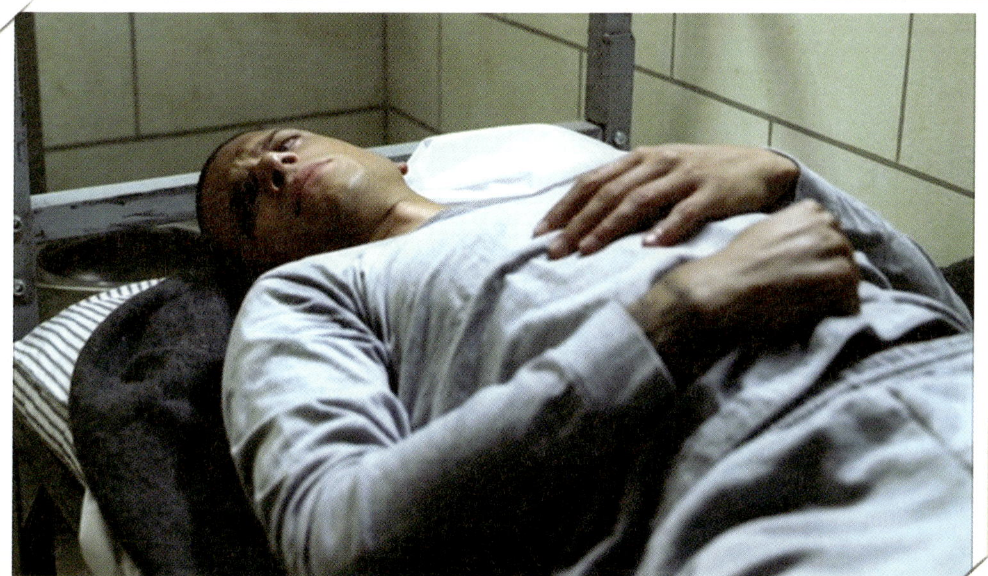

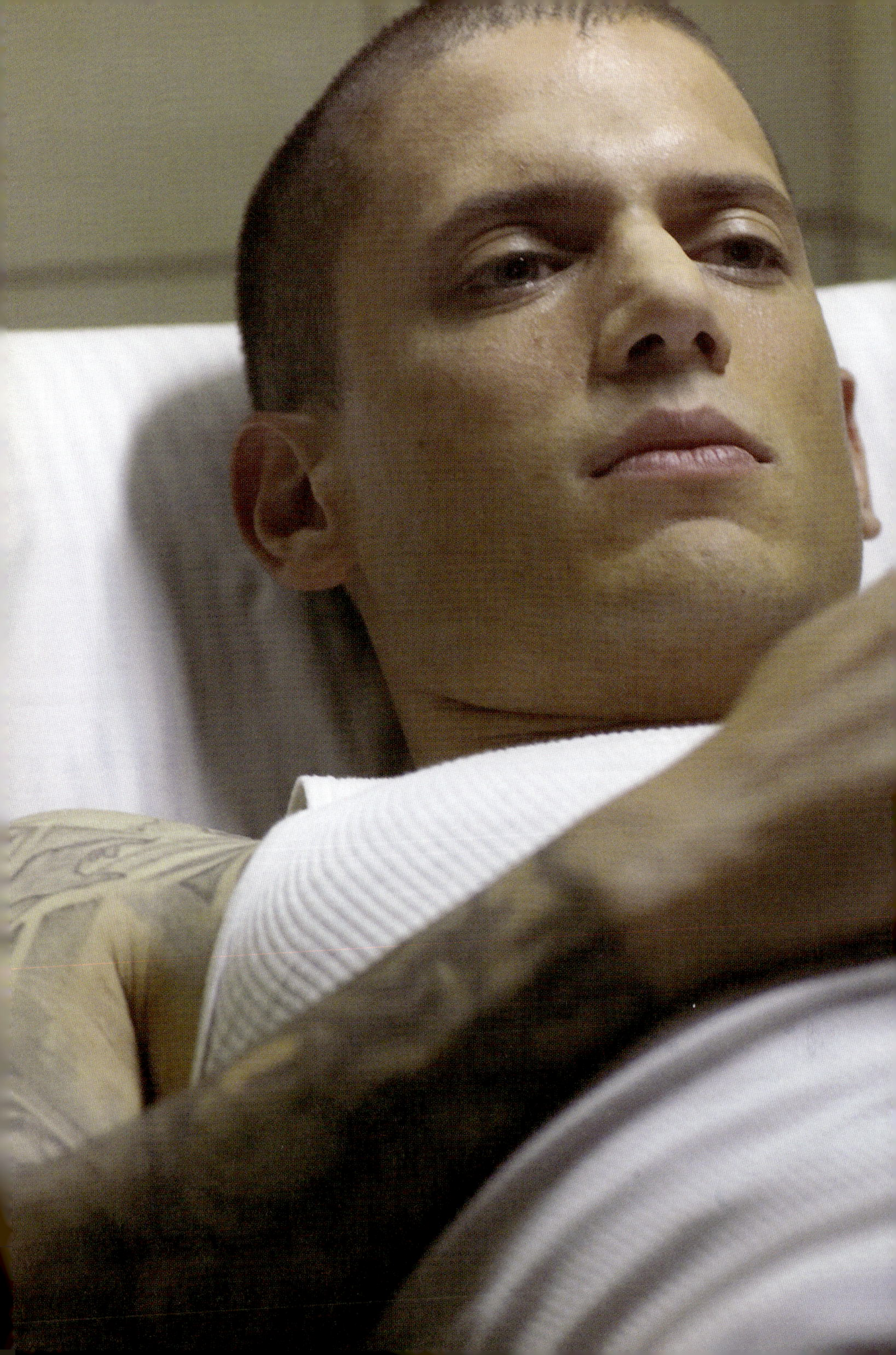

Sara Tancredi.
Be the change you want to see in the world." - Ghandi
DIRECT ACCESS TO CORRIDOR

2 여기서 탈출할 거야

WE'RE BREAKING OUT OF HERE

PRISONBREAK

16. INT. PROBATION OFFICE. DAY
A probation officer, Jenae, walks toward L.J. and Lisa looking L.J.'s record.

JENAE : No priors, a good student.

She sits down at her desk.

JENAE : Then you get yourself arrested for intent to sell.

Shot of L.J. and his mom. L.J. looks like he's about to say something.

JENAE : Good life get a little boring?

L.J. : It was stupid. It won't happen again.

JENAE : Well, we're all here to make sure of that. I took some time to speak to your mother before you came in. She told me that there were some ... some extenuating circumstances in your life right now.

L.J. rolls his eyes and glances at his mom.

L.J. : Hey, if you're talkin' about that guy at Fox River, he's got nothin' to do with this.

LISA : He refuses to call him his father.

L.J. : (simply) The world will be a better place without him.

LISA : (reprovingly) L.J.

16. 내부. 보호 관찰 사무소. 낮

보호 관찰관인 제내가 엘제이의 기록을 보면서 엘제이와 리사를 향해 걸어온다.

제 내 　　　　 : 전과도 없고, 모범생이군.

그녀는 자신의 책상에 앉는다.

제 내 　　　　 : 그런데 마약 판매 의도로 체포됐었군요.

카메라는 엘제이와 그의 어머니를 비춘다. 엘제이는 막 뭔가 말하려는 것처럼 보인다.

제 내 　　 : 착한 삶이 지겨웠나?

엘제이 　 : 바보 짓이죠. 다신 안 해요.

제 내 　　 : 그러려고 여기 모인 거지. 네가 오기 전에 엄마
　　　　　　 와 많이 얘기했는데. 엄마 말은 정상 참작할 만
　　　　　　 한 사정이 있다고 하던데.

엘제이는 눈을 굴리며 엄마에게 시선을 던진다.

엘제이 　 : 폭스 리버 교도소에 있는 사람 얘기라면 이번 일
　　　　　　 과 아무 상관없어요.

리 사 　　 : 아버지라고 부르길 거부해요.

엘제이 　 : (단순하게) 세상에 없어야 할 사람이죠.

리 사 　　 : (꾸짖듯이) 엘제이.

- **probation**

  (집행 유예 중의) 보호 관찰, 집행 유예

  - a system that allows a person who has committed a crime not to go to prison if they behave well and if they see an official (called a probation officer) regularly for a fixed period of time

- **probation officer**

  보호 관찰관

- **extenuating**

  참작할 만한

  - showing reasons why a wrong or illegal act, or a bad situation, should be judged less seriously or excused

- **reprovingly**

  꾸짖듯이, 비난조로

  - reprove
    - to tell somebody that you do not approve of something that they have done

No priors.

전과도 없군.

▶ You have no priors.의 준 표현. prior는 미국 속어로 '전과'의 뜻임.

JENAE   : Okay, it's clear to me you've got a lot of anger, young man. Misdirected, it could land you in the wrong place.

She leans back in her chair.

JENAE   : So to make sure that doesn't happen, you're gonna to have to check in with me once a week. Fridays. One hour. Your attendance at school and your grades need to be pristine.

L.J.   : Absolutely.

JENAE   : And to give you a real good idea where that anger of yours will get you if you don't rein it in, I'm signing you up for the Scared Straight program at Fox River. You'll have a mentor who you'll work with weekly. Give you a little perspective.

L.J.   : (unexpected) A mentor?

JENAE   : Your father.

Close up on L.J.'s face. He doesn't know how to respond to this.

17. INT. PRISON LAUNDRY. DAY
Cut to Michael and Sucre on P.I., painting walls. Michael walks over to a wall with a paint bucket in his hand.

C.O.   : (V.O.) Let's go. Pick up the pace.

Michael rests the bucket on a bench.

제 내   : 가슴에 응어리가 많이 쌓인 거 같군, 젊은이. 그렇게 비뚤게 굴면 나쁜 길로 빠질 수 있어.

그녀는 자기 의자에 기댄다.

제 내   : 그러니까 그걸 방지하기 위해선 일주일에 한 번씩 날 보러 와야 해. 금요일에, 한 시간씩. 학교 출석과 성적도 본래대로 올려 놓고.

엘제이   : 물론입니다.

제 내   : 화를 다스리지 못하고 휘둘리면 어떻게 되는지 폭스 리버 교도소의 청소년 교화 프로그램을 받도록 해. 매주 선도자가 널 이끌어주게 될 거야. 생각이 조금씩 달라질 거다.

엘제이   : (기대하지 못한 일인 듯) 선도자요?

제 내   : 네 아버지야.

카메라는 엘제이의 얼굴을 잡는다. 그는 어떻게 반응을 해야 할지 모른다.

17. 내부. 교도소 내 세탁장. 낮

카메라는 벽에 페인트 칠을 하면서 작업을 하고 있는 마이클과 수크레를 비춘다. 마이클은 손에 페인트 통을 들고 벽으로 걸어간다.

교도관   : (목소리) 빨리 서둘러.

마이클은 벤치 위에 그 통을 놓는다.

- **pristine**
  본래의, 초기의, 자연 그대로의
  - fresh and clean, as if new
  - not developed or changed in any way
  - left in its original condition

- **rein in**
  (감정 · 지출 따위)를 억제하다, (말 따위)를 멈추게(보조를 느리게) 하다

- **mentor**
  선도자, 좋은 조언자, 지도 교사, 스승
  - an experienced person who advises and helps somebody with less experience over a period of time

Pick up the pace.
빨리 서둘러.

▶ pace는 '걸음걸이, 걷는 속도, 속도', pick up은 '속도를 더하다'의 뜻임.

C.O. : (V.O.) This ain't the Sistine Chapel, guys. Just roll it up and down, move on to the next one.

Michael opens up a switch box on a concrete pillar. He looks around at the guards. Sucre looks up and follows Michael's gaze. Michael pulls a cell phone out of his pocket and wraps it in a cloth. Sucre is watching him.

SUCRE : (whispering) Tell me that ain't what I think it is.

MICHAEL : It ain't what you think it is.

Michael reaches up and puts the cell phone in the box.

SUCRE : Fish, a cell phone in here? That's cardinal sin number one. They can tack two years onto your bid automatic.

MICHAEL : If they catch you.

SUCRE : Hey, you know what kind of trouble I can get for just knowin' what I know?

MICHAEL : (discreetly) Shh-shh-shh.

Sucre goes back to painting, then stops.

SUCRE : Now, that means you can make calls whenever you want, right?

Michael walks over to him.

MICHAEL : I don't like the look in your eye. What's in there— you never saw it. Got it?

교도관 　　　： (목소리) 이건 시스틴 성당이 아냐. 그냥 위 아래로 문지르면 돼. 빨리 칠하기만 하라고.

마이클은 콘크리트 기둥 위에 있는 배전 상자를 연다. 그는 주위를 돌아 교도관들을 살핀다. 수크레가 쳐다보고 마이클의 시선을 따른다. 마이클은 주머니에서 휴대전화를 꺼내 천으로 그것을 싼다. 수크레가 그를 지켜보고 있다.

수크레 　　　： (속삭이면서) 설마 그거 내가 생각하고 있는 건 아니겠지.

마이클 　　　： 그런 거 아냐.

마이클은 손을 뻗쳐 그 휴대전화를 배전 상자 속에 넣는다.

수크레 　　　： 신참, 휴대전화 반입했어? 제일 안 좋은 죄목이야. 복역이 2년 추가된다고.

마이클 　　　： 그들에게 걸리면 말이지.

수크레 　　　： 알고 있다는 사실만으로 내가 어떻게 되는지 알아?

마이클 　　　： (신중하게) 쉬쉬쉬.

수크레는 디시 칠하러 가다가 멈춰 선다.

수크레 　　　： 그럼 넌 언제든 원할 때 전화할 수 있다는 거지?

마이클은 그에게 다가간다.

마이클 　　　： 네 눈빛이 맘에 안 들어. 저 안에 뭐가 들었든 넌 못 본 걸로 해. 알았지?

■ **pillar**
기둥, 지주, 기둥 모양의 것
- a large round stone, metal or wooden post that is used to support a bridge, the roof of a building, etc., especially when it is also decorative
- a large round stone, metal or wooden post that is built to remind people of a famous person or event

■ **cardinal**
기본적인, 아주 중요한
- most important
- having other things based on it

■ **discreetly**
신중하게, 조심스럽게
• discreet
- careful in what you say or do, in order to keep something secret or to avoid causing embarrassment or difficulty for somebody

Got it?
알았지?

▶ You got it?과 같은 표현의 구어체로 get는 특히 구어에서 '알아듣다, 이해하다'의 뜻이다.

Without waiting for a response, he walks away. Sucre watches him leave.

18. INT. LINCOLN'S CELL. DAY
Pope is standing in Lincoln's cell doorway before Lincoln, flanked by guards. Pope holds a slip of paper in his hand.

POPE : Why didn't you include any names?

LINCOLN : Why would I want anyone to watch me die?

POPE : I've seen it happen a number of ways. Some people wanna go it alone. Others have grandiose statements they wanna make. But most want some member of their family there before they leave this world.

Lincoln refuses to take the paper offered by a guard.

LINCOLN : (flatly) I'll do it alone.

POPE : Son, in my opinion, all inmates who have made that choice have deeply regretted it in their final minutes.

He takes the paper from the guard and looks at it.

POPE : I'll, uh ... leave it blank for now. You have less than four weeks now. You should give it some thought.

He drops the form onto Lincoln's bunk and walks out, followed by the C.O.s. Lincoln sits down on his bunk and puts his head into his hands as the door slams shut.

대답을 기다리지 않고 그는 걸어간다. 수크레는 그가 가는 것을 지켜본다.

18. 내부. 링컨의 감방. 낮
포프가 옆에 교도관들을 데리고 링컨의 감방 문 앞에 서 있다. 포프는 손에 종이 한 장을 들고 있다.

포 프 　　: 왜 아무 이름도 안 썼나?

링 컨 　　: 내가 죽는 모습을 뭐 하러 보여줍니까?

포 프 　　: 난 다양한 사형 현장을 보아 왔네. 혼자 죽길 원하는 사람도 있고, 장황한 연설을 하기도 하는 사람도 있지. 하지만 대부분 세상을 떠나기 전에 가족들과 함께 하길 바래.

링컨은 교도관이 건네주는 그 종이를 받지 않는다.

링 컨 　　: (단호하게) 전 혼자 죽겠어요.

포 프 　　: 이보게, 한 마디 하자면 그런 선택을 하는 죄수는 누구나 마지막에 깊이 후회를 하네.

그는 교도관으로부터 그 종이를 받아 쳐다본다.

포 프 　　: 내가… 당분간 공백으로 남겨두겠네. 이제 4주도 안 남았으니 그걸 좀 생각해 보도록 해.

그는 서류를 링컨의 침대 위에 떨어뜨리고는 방을 나가고, 교도관들이 따라 나간다. 링컨은 자신의 침대 위에 앉아서 감방 문이 닫힐 때 두 손으로 머리를 감싼다.

- **flank**
  옆에 서다, 옆에 위치하다
  - to have somebody/something on one or both sides
  - to be placed on one or both sides of something

- **grandiose**
  숭고한, 당당한, 과장한, 으쓱대는
  - seeming very impressive but too large, complicated, expensive, etc. to be practical or possible

- **flatly**
  단호하게, 딱 잘라서
  - in a way that is very definite and will not be changed
  - in a dull way with very little interest or emotion

You should give it some thought.
그것을 좀 생각해 보도록 해.

▶ give a thought to = bestow a thought on은 '~을 한 번 생각해 보다, ~에 대해 일고하다'의 의미임.

19. EXT. CHICAGO. DAY
The train runs on an elevated railroad through the city.

20. EXT. ELYSIAN FIELDS PROJECT FOYER. DAY
Leticia Barris apartment. A black woman comes down the stairs as Veronica opens
the door to the housing project. Veronica greets her.

VERONICA : Hi. I'm looking for Leticia Barris.

WOMAN : Five.

VERONICA : Thank you.

Veronica climbs the stairs to find Leticia's apartment. The door is slightly ajar.
Concerned, she pushes it open, looking around.

VERONICA : (enters) Hello?

On the floor is an overflowing hastily packed suitcase. Veronica looks around for
Leticia. Suddenly Leticia jumps out from behind the door, brandishing a
semiautomatic at Veronica's head.

LETICIA : Don't you move a muscle.

The shot zooms in on Veronica's apprehensive face.

21. INT. LETICIA'S APARTMENT. DAY
Leticia still points her gun at Veronica.
Veronica holds up her hands, shaking.

VERONICA : Take it easy, Leticia.

19. 외부. 시카고. 낮

도시를 통해 기차가 고가 철도 위를 달린다.

20. 외부. 엘리션 필즈 주택 단지의 현관. 낮

레티샤 배리스의 아파트. 베로니카가 공동 주택 단지로 들어가는 문을 여는데 한 흑인 여자가 층계를 내려온다. 베로니카는 그녀에게 인사를 건넨다.

베로니카   : 안녕하세요. 레티샤 배리스를 찾는데요.

여 자   : 5호실이에요.

베로니카   : 고마워요.

베로니카는 층계를 올라가 레티샤의 아파트를 찾는다. 문이 약간 열려 있다. 걱정을 하면서 그녀는 그 문을 밀어 열면서 주위를 살핀다.

베로니카   : (들어선다) **계세요?**

방바닥에는 급하게 짐을 싼 가방에 옷이 넘쳐 흐르고 있다. 베로니카는 레티샤를 찾아 주위를 두리번거린다. 갑자기 레티샤는 문 뒤에서 튀어나오는데, 베로니카의 머리를 향해 반 자동 권총을 휘두른다.

레티샤   : 꼼짝 마.

카메라는 베로니카의 근심어린 얼굴을 점점 크게 비춘다.

21. 내부. 레티샤의 아파트. 낮

레티샤는 여전히 베로니카에게 총을 겨누고 있다.
베로니카는 떨면서 손을 쳐들고 있다.

베로니카   : 진정해요, 레티샤.

- **ajar**
  〈문어〉(문이) 조금 열려져
  - (of a door) slightly open

- **concerned**
  걱정스러운, 염려하는
  - worried and feeling concern about something

- **brandish**
  ~을 휘두르다, 과시하다
  - to hold or wave something, especially a weapon, in an aggressive or threatening way

- **apprehensive**
  우려하는, 염려하는

Take it easy, Leticia.

진정해요, 레티샤.

▶ Take it easy.는 '덤비지 마라, 서두르지 마라, 매사를 대범하게 생각해라'의 관용 표현이다.

53

LETICIA   : You're workin' with 'em, aren't you? You think I'm stupid, lady? I hear the clicks on my phone. I see the cars out there on the street.

Veronica tries to stay calm and reassure her.

VERONICA   : I know you're scared, I am too, but please, put the gun down.

She looks hesitantly down at the half-filled suitcase flung on the unmade bed.

VERONICA   : Where you goin'?

Leticia lowers the gun and continues to haphazardly pack.

LETICIA   : Ireland. What difference does it make?
VERONICA   : It makes all the difference. Nobody's ever gotten your testimony.
LETICIA   : That's exactly the reason I'm still breathin'.

She storms around the apartment gathering things to take with her.

VERONICA   : I'm not with them, Leticia. You have to believe me.
LETICIA   : Oh, yeah? Then what you sneakin' in here for?

She stops and looks at Veronica.

레티샤   : 놈들과 한패지? 내가 바보인 줄 알아, 아가씨?
           전화 너머로 잡음이 들리고, 밖에 차들도 봤어.

베로니카는 진정하면서 그녀에게 자신을 갖게 하려고 애를 쓴다.

베로니카   : 겁 먹었다는 거 알아요, 나도 그러니까, 하지만
           제발 총은 내려놔요.

그녀는 아직 준비가 안 되어 있는 침대에 던져져 있는 반 정도 찬 가방을 망설이며 바라본다.

베로니카   : 어디 가요?

레티샤는 총을 내리며 계속해서 아무렇게나 짐을 꾸린다.

레티샤   : 아일랜드요. 안다고 뭐가 달라져요?
베로니카   : 크게 달라지죠. 아무도 당신 증언을 못 들었어
           요.
레티샤   : 그래서 아직 살아 있는 거예요.

그녀는 가지고 갈 물건들을 챙기면서 아파트를 급히 돌아다닌다.

베로니카   : 전 그들과 한패가 아니에요, 레티샤. 절 믿어야
           해요.
레티샤   : 아, 그래요? 근데 왜 여기 몰래 들어왔죠?

그녀는 멈추며 베로니카를 바라본다.

- **reassure**
  ~에게 다시 자신을 갖게 하다, 용기를 갖게 하다
  - to say or do something that makes somebody less frightened or worried

- **hesitantly**
  머뭇거리며, 망설이며
  - hesitant
    - slow to speak or act because you feel uncertain, embarrassed or unwilling

- **unmade**
  (침대 등이) 아직 준비가 안 된
  - not ready for sleeping in because the sheets, etc. have not been arranged neatly

- **haphazardly**
  아무렇게나, 계획성 없이
  - haphazard
    - (*disapproving*) with no particular order or plan
    - not organized well

- **storm**
  미친 듯이 날뛰다, 돌진하다, 돌격하다
  - to suddenly attack a place
  - to go somewhere quickly and in an angry, noisy way
  - to say something in a loud angry way

What difference does it make?

그게 뭐가 달라져요?

▶ What does it matter?와 같은 표현으로, make a difference는 '차이가 생기다, 중요하다'의 뜻임.

VERONICA : I thought maybe they'd gotten to you.

LETICIA : (smirking) Oh, yeah? And why do you care so much about my well-being all of a sudden?

VERONICA : I don't.

Leticia stops again and looks at Veronica admirably.

LETICIA : Finally, an honest answer.

VERONICA : But maybe you can save Lincoln. And maybe you can bring down the guys who killed your boyfriend in the process. If somebody killed you, and Crab could've done something to the guys who did it, you think he would've?

LETICIA : (breathing heavily, in tears) I'm not as strong as he was. I can't take those people on.

VERONICA : I'll take 'em on. All you have to do is come to my office and tell me what you know. I'll type it up. You can sign the affidavit and split. I'll take you to the airport myself.

The shot closes in on Leticia's face.

22. EXT. FOX RIVER. DAY
Inmates are being transferred into the Penitentiary.

23. INT. PRISON LAUNDRY. DAY
Sucre eyes the switch panel where Michael stashed the cell phone.

베로니카	: 놈들에게 당한 줄 알았어요.
레티샤	: (히죽히죽 웃으며) 아, 그러셔? 그런데 왜 갑자기 내 안전을 걱정하는 거죠?
베로니카	: 걱정 안 해요.

레티샤는 다시 멈추며 감탄하듯이 베로니카를 쳐다본다.

레티샤	: 드디어 솔직하게 나오는군.
베로니카	: 하지만 링컨을 도와줄 수 있잖아요. 그리고 그 과정에서 어쩌면 당신 애인을 죽인 사람들도 잡아 넣고요. 누군가가 당신을 죽였다면 크랩이 그 놈을 보고만 있었겠어요?
레티샤	: (눈물을 글썽이며 거칠게 숨을 쉰다) 난 크랩만큼 강하지 못해요. 난 그 사람들과 싸울 수 없어요.
베로니카	: 제가 싸울게요. 당신은 제 사무실에 와서 알고 있는 사실을 얘기하기만 해요. 내가 진술서를 만들면 서명하고 떠나요. 내가 직접 공항에 데려나 줄세요.

카메라는 레티샤의 얼굴을 크게 잡는다.

22. 외부. 폭스 리버. 낮
수감자들이 교도소로 이송되고 있다.

23. 내부. 교도소 내 세탁장. 낮
수크레가 마이클이 휴대 전화기를 감춘 벽의 계기판을 본다.

- **smirk**

  능글능글 웃다, 히죽히죽 웃다
  - to smile in a silly or unpleasant way that shows that you are pleased with yourself, know something that other people do not know, etc.

- **admirably**

  칭찬할 만하게, 감탄할 만하게
  • admirable
  - (*formal*) having qualities that you admire and respect

- **affidavit**

  〈법률〉 선서 진술서, 선서서
  - a written statement that you swear is true, and that can be used as evidence in a court of law

- **panel**

  벽판, 계기판
  - a flat board in a vehicle or on a piece of machinery where the controls and instruments are fixed

- **stash**

  ~을 살며시 치우다, 감추다
  - to store something in a safe or secret place

I can't take those people on.
난 그 사람들과 싸울 수 없어요.

▶ take on은 '~와 대결하다, 대전하다, 싸우다'는 의미의 관용구이다.

24. EXT. FOX RIVER. YARD. DAY
Lincoln walks on his side of the fence, looks at something in his hand and then drops it. He gets closer to the fence, something attracting him on the other side. He glances over at Sucre standing with some hombres. Sucre chats in Spanish and mimes obviously gesturing that he knows about a cell phone. They all laugh.
Lincoln is watching him with suspicious eyes.

25. INT. HALLWAY OUTSIDE LINCOLN'S CELL. DAY
A C.O. brings Lincoln in from yard. He squats so that his shackles can be taken off. Bellick stands by a door, observing.

LINCOLN   : Bellick—

BELLICK   : Hey, what's up, Lincoln?

He approaches Lincoln.

LINCOLN   : I want some extra time outside in the next couple of weeks.

BELLICK   : Heh-heh. Paint fumes in P.I. must be gettin' to you.

LINCOLN   : (looks up, playing his card carefully) Cell phones allowed in here?

He stands up and Bellick takes off his hat.

BELLICK   : Who?

LINCOLN   : Extra time outside. A couple of cigarettes.

BELLICK   : Half hour one week. One cigarette.

24. 외부. 폭스 리버. 운동장. 낮

링컨이 울타리 옆을 걸으면서 손에 있는 뭔가를 보고는 그것을 떨어뜨린다. 그는 반대편의 뭔가에 주의가 이끌려 울타리에 더 가까이 다가선다. 그는 수크레가 스페인계 수감자들과 서 있는 것을 바라본다. 수크레는 스페인어로 잡담을 하면서 자신이 휴대전화에 대해 알고 있다는 것을 분명하게 무언의 몸짓으로 나타낸다. 그들은 모두 웃는다.
링컨은 의심스러운 눈초리로 그를 지켜보고 있다.

25. 내부. 링컨의 감방 밖 복도. 낮

한 교도관이 링컨을 운동장에서 데리고 들어온다. 그는 자신의 족쇄가 풀려지도록 몸을 웅크린다. 벨릭이 이를 지켜보면서 문가에 서 있다.

링 컨　　 : 벨릭—

벨 릭　　 : 이봐, 무슨 일이야, 링컨?

그는 링컨에게 다가선다.

링 컨　　 : 앞으로 2주간 야외 활동 시간을 늘이고 싶어요.

벨 릭　　 : 헤헤. 교도소 사업장 페인트 냄새 때문에 머리가
　　　　　　어떻게 됐군.

링 컨　　 : (주의 깊은 방책을 세우며 쳐다본다) 이곳에 휴대전화를
　　　　　　반입할 수 있나요?

그는 일어서고 벨릭은 모자를 벗는다.

벨 릭　　 : 누구야?

링 컨　　 : 야외 활동 시간 연장, 담배 두 개비만 주세요.

벨 릭　　 : 일주일에 30분, 담배 한 개비다.

- **hombre**
  〈속어〉 스페인계의 사람, 놈, 녀석

- **mime**
  무언극을 하다, 광대짓을 하다, 무언의
  몸짓으로 나타내다
  - to act, tell a story, etc. by moving
    your body and face but without
    speaking

- **squat**
  웅크리다, 쪼그리다
  - to sit on your heels with your
    knees bent up close to your body

- **shackle**
  수갑, 족쇄

- **play one's card**
  이길 수를 쓰다, 일을 잘 처리하다, 주
  의 깊은 방책을 쓰다

Hey, what's up, Lincoln?

이봐, 무슨 일이야, 링컨?

▶ up은 구어에서 '(일이) 생겨, 일어나'의 뜻으로 What's up?은 '무슨 일이 일어났는
가? 어찌 된 일인가?'의 관용 표현이다.

Lincoln nods and walks into his cell.

LINCOLN : Know a con named Sucre?

Bellick slams the cell door shut and locks it without replying.

26. INT. VISITATION. DAY
Falzone and Abruzzi sit at a table together.

FALZONE : This is what I don't understand, John. Otto Fibonacci fingers you. He put you in prison for life. Yet you act like you don't even wanna find out where he is.

ABRUZZI : That's not true, Philly.

FALZONE : Well, maybe it's 'cause you don't think you have anything to lose anymore. You know, you're already locked up. You ... you know, maybe you, um, maybe you like it here. I mean, I don't know.

Abruzzi scoffs at that.

FALZONE : But what I do know is that if Fibonacci testifies next month, you and I are gonna be neighbors, and I am not going to let that happen.

ABRUZZI : I don't think you would fit in here, Philly.

He laughs, and Falzone smiles.

링컨은 고개를 끄덕이며 감방으로 들어온다.

링 컨   : 수크레라는 녀석 아시죠?

벨릭은 감방문을 쾅 닫으며 아무런 대꾸도 없이 문을 잠근다.

26. 내부. 면회실. 낮
팔조네와 아브루치가 테이블에 함께 앉아 있다.

팔조네   : 존, 도무지 이해가 안 가는 건 오토 피보나치가
             널 밀고해서 네가 종신형을 받았는데 그의 행방
             을 알고 싶지도 않은 태도군.
아브루치   : 그럴 리가 있나, 필리.
팔조네   : 더 이상 잃을 것도 없다고 생각하기 때문이겠지.
             어차피 여기 갇혀 있으니까 말이야. 아마… 여기
             가 좋을 수도 있어. 잘 모르겠지만.

아브루치는 그 말을 비웃는다.

팔조네   : 하지만 한 가지 분명한 건, 내달 피보나치가 증
             언하면 자네와 난 이웃이 된다는 거야, 그리고
             난 절대 그런 일을 용납 못할 거고.
아브루치   : 넌 여기가 맞지 않을 거야, 필리.

그는 웃고, 팔조네는 미소를 짓는다.

- **finger**
  〈속어〉~을 밀고하다, 미행하다
  - to accuse somebody of doing
    something illegal and tell the police
    about it

- **scoff**
  비웃다, 조롱하다, 조소하다, 놀리다
  - to talk about somebody/
    something in a way that makes it
    clear that you think they are stupid
    or ridiculous

I don't think you would fit in here.
넌 여기가 맞지 않을 거야.

▶ fit in은 '~와 들어맞다, ~와 조화하다, 일치하다, 적합하다'의 뜻이다.

ABRUZZI : Fancy suits, ties, shirts.

He laughs feeling disgusted.

FALZONE : I think you're right. So, uh, so let's cut to the chase. Did you break this kid? Did he tell you where Fibonacci is?

Abruzzi pulls a white box out of his shirt pocket and puts it on the table. He slides it carelessly toward Falzone. Falzone is confused.

FALZONE : What is this?

ABRUZZI : It's a little gift from me to you.

Falzone opens the box and looks slightly repulsed.

FALZONE : Are these his?

ABRUZZI : Yeah. He won't crack.

FALZONE : (sighing heavily) Well, perhaps you should consider using a different methodology then, John. From what I gather, there are far worse threats in prison other than bodily harm.

ABRUZZI : What happened to the days when you used to trust me, Philly, that I would get things done?

FALZONE : Those were the days when you actually did get things done, John.

아브루치　　：멋쟁이 정장에 넥타이와 와이셔츠.

그는 역겨운 감정으로 웃는다.

팔조네　　：네 말이 맞아. 그러니까 까놓고 얘기하자고. 그 애송이 놈의 버릇을 고쳐놓았어? 그 놈이 피보나치가 있는 곳을 불었어?

아브루치는 자신의 셔츠 주머니로부터 흰 상자를 꺼내 테이블 위에 놓는다. 그는 그것을 팔조네를 향해 아무렇게나 민다. 팔조네는 당황한 모습이다.

팔조네　　：이게 뭔가?
아브루치　　：너한테 주는 작은 선물이야.

팔조네는 상자를 열고 약간 혐오감을 느끼며 바라본다.

팔조네　　：이거 녀석 거야?
아브루치　　：그래. 불지 않더군.
팔조네　　：(심하게 한숨을 쉬며) 그럼 나른 방법을 고려해 보지 그래, 존? 감옥에서는 육체적 고통보다 더한 위험이 있다던데.
아브루치　　：필리, 언제부터 내 일 처리를 의심하게 됐지?
팔조네　　：그땐 자네가 실제로 일을 제대로 했으니까, 존.

- **fancy**
  장식적인, 화려한, 고급의, 극상의
  - (especially of small things) with a lot of decorations or bright colors
  - expensive or connected with an expensive way of life

- **repulse**
  혐오감을 주다, 불쾌감을 주다
  - to make somebody feel disgust or strong dislike
  - to fight somebody who is attacking you and drive them away
  - to refuse to accept somebody's help, attempts to be friendly, etc.

- **methodology**
  방법론
  - a set of methods and principles used to perform a particular activity

Let's cut to the chase.
본론으로 들어갑시다.

▶ Let's get to the point., The bottom line〔The point〕is ... 등으로 표현할 수도 있다.

A buzzer sounds and Abruzzi stares at him. Behind Falzone the security door opens and two kids run out into the room, a girl and a boy: Abruzzi's kids. He stares at Falzone, disgusted at the level to which Falzone would stoop. They jump up on Abruzzi happily yelling his name.

ABRUZZI'S BOY & GIRL : Daddy, daddy!

ABRUZZI'S GIRL : Did you hear the news?

Abruzzi pulls the girl onto his lap, forcing a smile onto his face.

ABRUZZI : What ... what ... what news?

ABRUZZI'S GIRL : (pointing to Falzone) We're going to stay with Uncle Philly at the lake for a few weeks.

FALZONE : Yeah. We're gonna have a good time.

He laughs creepily. Abruzzi looks at him gravely.

FALZONE : You're right, John. Maybe you're right. I do trust you. Now, you're gonna take care of that thing, aren't you?

Camera shot closes in on Abruzzi's overwhelmed expression.

27. INT. PRISON OFFICE. DAY
An admin office. Bellick signs off some papers and turns to Sucre who's standing in a holding cell.

BELLICK : How are those bone-yard visits goin' with that girlfriend of yours?

버저가 울리자 아브루치가 그를 응시한다. 팔조네 뒤쪽에 검색문이 열리고 두 아이들이 방으로 뛰어든다. 아브루치의 아이들로 딸과 아들이다. 그는 팔조네를 빤히 쳐다보며, 팔조네가 그런 일을 할 만큼 비열한 수준에 역겨움을 느낀다. 아이들은 아빠를 부르면서 즐겁게 아브루치에게 뛰어든다.

아브루치의 아들과 딸	: 아빠, 아빠!
아브루치의 딸	: 소식 들으셨어요?

아브루치는 딸을 무릎 위로 당기며 얼굴에 억지로 미소를 짓는다.

아브루치	: 무슨… 무슨… 무슨 소식?
아브루치의 딸	: (팔조네를 가리키며) 호수에 있는 필리 아저씨 댁에 몇 주일 동안 가 있을 거예요.
팔조네	: 그래. 우린 재미있게 지낼 거야.

그는 비굴하게 웃는다. 아브루치는 심각하게 그를 바라본다.

팔조네	: 자네 말이 맞아, 존. 자네 말이 맞을 거야. 난 자네를 믿어. 알아서 잘 처리할 거라 믿어.

카메라는 아브루치의 어찌할 줄 모르는 표정을 크게 잡는다.

27. 내부. 교도소 사무실. 낮

행정실. 벨릭이 서류에 서명을 하고는 모감방에 서 있는 수크레에게 돌아선다.

벨릭	: 그 여자 친구랑 배우자 특별 면회는 어땠어?

■ **stoop**
숙이다, 굽히다, ~할만큼 비열해지다

■ **creepily**
오싹하게, 소름이 끼치게, 비굴하게
 • creepy
  - causing an unpleasant feeling of fear or slight horror
  - strange in a way that makes you feel nervous

■ **overwhelmed**
압도된, 어찌할 줄 모르는, 질린
 • overwhelm
  - to have such a strong emotional effect on somebody that it is difficult for them to resist or know how to react
  - to defeat somebody completely
  - to be so bad or so great that a person cannot deal with it
  - to give too much of a thing to a person

■ **holding cell**
모감방

■ **bone-yard**
〈속어〉 폐차장, 묘지

We're gonna have a good time.

우린 재미있게 지낼 거야.

▶ We're going to enjoy ourselves.와 같은 표현임.

He walks over to his cell, unlocks it and goes in.

BELLICK : I imagine pretty good, huh? You know, visitation rules stipulate that conjugals are only for married couples.

SUCRE : We're engaged. Besides, I got that coming for me 'cause I ain't caused no static in this place.

He squeezes his eyes shut, pleading.

SUCRE : Please, don't dead my conjugals.

BELLICK : (reassuringly) I won't.

SUCRE : (relaxing slightly) Thank you.

BELLICK : But in exchange, you have to tell me where that cell phone is.

Sucre looks at him sharply, confused.

SUCRE : Cell phone?

BELLICK : Don't play stupid with me. I'm giving you a chance to save your precious conjugals. You lie to me, they're gone, and they're never comin' back.

Sucre looks around and back, conflicted.

BELLICK : Now, where's that cell phone?

Sucre gulps at a loss what to do.

그는 그의 감방으로 걸어가 열쇠를 열고 들어간다.

벨 릭 : 꽤 좋았겠지? 알겠지만 규정상 배우자 면회는 기
혼자만 가능해.
수크레 : 저흰 약혼한 사이에요. 더구나 난 여기서 말썽
안 부렸으니 가능했고요.

그는 간청을 하면서 눈을 짠다.

수크레 : 제발 배우자 면회를 박탈하지 마세요.
벨 릭 : (고무적으로) 안 해.
수크레 : (약간 안심을 하며) 감사합니다.
벨 릭 : 대신 휴대전화 있는 곳을 말해줘야겠어.

수크레는 당황하면서 날카롭게 그를 바라본다.

수크레 : 휴대전화라고요?
벨 릭 : 허튼 짓 마. 소중한 배우자 면회권은 유지해야
지. 거짓말하면 다시는 그런 특권을 못 누릴 테
니까.

수크레는 주위를 살피며 다시 시선이 돌아온다. 갈등을 겪는 표정이다.

벨 릭 : 자, 휴대전화 어딨나?

수크레는 어찌할 줄을 몰라 침을 꿀꺽 삼킨다.

■**stipulate**
규정하다, 명기하다, 명문화하다
- to state clearly and firmly that
  something must be done, or how
  it must be done

■**conjugal**
부부(간의), 혼인(상의)
• conjugal rights
  부부 동거권

■**reassuringly**
고무적으로, 위안을 주며

I ain't caused no static in this place.
난 여기서 말썽 안 부렸어요.

▶ ain't는 are(is) not의 단축형인 동시에 have(has) not의 단축형이기도 하다. static
은 '잡음, 이의, 맹렬한 반대'의 뜻.

28. INT. PRISON LAUNDRY. DAY
Lincoln and Michael are painting at the wall. They paint the same pillar. Lincoln looks around to watch Sucre and Bellick return. Both Michael and Lincoln turn to look at him, concerned and then at each other. Sucre comes up to them.
Bellick calls out to a black inmate.

BELLICK : Turner, your transfer came in. They want you in administration.

He slaps Sucre on the back and pushes him into Turner's old spot. Michael and Lincoln watch him pass, and Bellick stomps away. Sucre picks up a mop handle, under the pretense of getting to work and glowers at Bellick.

LINCOLN : He didn't talk.

Sucre watches the C.O.s walk away and walks over to Michael.

SUCRE : (to Michael) All I gotta say is, I better get to make all the calls I want.

Michael walks over to him with his arm outstretched, the cell phone in his hand.

MICHAEL : Gonna be kind of hard.

Sucre takes the cell phone and feels the texture before breaking it in half.

SUCRE : (incredulously) Soap?

28. 내부. 교도소 내 세탁장. 낮

링컨과 마이클이 벽에 페인트 칠을 하고 있다. 그들은 같은 기둥을 칠한다. 링컨이 주위를 살피며 수크레와 벨릭이 돌아오는 것을 지켜본다. 마이클과 링컨 둘 다 걱정스럽게 돌아서서 그를 바라보고는 서로를 바라본다. 수크레가 그들에게 걸어온다.
벨릭이 흑인 수감자에게 소리를 친다.

벨 릭 : 터너, 이송될 거니까 행정실로 가봐.

그는 수크레의 등을 툭 치면서 그를 터너가 있던 장소에 밀어넣는다. 마이클과 링컨은 그가 지나가는 것을 지켜보는데 벨릭은 급히 나간다. 수크레는 대걸레의 손잡이를 집으며 일을 시작하는 척하며 벨릭에게 불쾌한 얼굴을 한다.

링 컨 : 말 안했군.

수크레는 교도관들이 사라지는 것을 보고는 마이클에게 다가온다.

수크레 : (마이클에게) 원하는 만큼 통화나 해보자.

마이클은 손에 휴대전화를 들고 팔을 뻗치면서 그에게 다가온다.

마이클 : 좀 어려울걸.

수크레는 그 휴대전화를 받아 재질을 만져보고 그것을 반으로 부러뜨린다.

수크레 : (믿을 수 없다는 듯이) 비누였어?

- **administration**
  행정 기관, 당국, 본부(약어로 admin 으로 쓰기도 한다)

- **mop**
  자루걸레, 그와 비슷한 것
  - a tool for washing floors that has a long handle with a bunch of thick strings or soft material at the end

- **glower**
  상을 찡그리다, 불쾌한 얼굴을 하다, 노려보다
  - to look in an angry, aggressive way

- **incredulously**
  의심하는 듯이, 쉽사리 믿지 않으며, 회의적으로

Gonna be kind of hard.

좀 어려울 거야.

▶ It's going to be kind of hard.의 뜻으로 kind of는 구어로 '약간, 거의, 어느 쪽인가 하면'의 의미이다.

Getting angry, he thrusts the two halves at Michael's chest.

SUCRE   : I lost my conjugals over soap?

MICHAEL   : You may have lost your conjugals, but I can do you one better. I can get you to her.

SUCRE   : To Maricruz? (skeptical) You can get me to Maricruz?

MICHAEL   : That's right.

SUCRE   : Yeah? And how you gonna do that?

Lincoln stops what he is doing and listens carefully.

MICHAEL   : (glancing across at Lincoln) We're breaking out of here.

SUCRE   : (looking wary) How?

Michael leads him away from the other inmates.

MICHAEL   : Starts in our cell.

SUCRE   : In our cell?

Lincoln picks up the two pieces of soap.

MICHAEL   : To tell you the truth, it's already started.

SUCRE   : Ah.

He turns to Michael, angry.

화를 내며 그는 비누 두 쪽을 마이클의 가슴에 내민다.

수크레 : 비누 때문에 배우자 면회권을 잃은 거야?
마이클 : 배우자 면회권을 잃었을지도 모르지만 그보다 더 좋은 일을 해 볼 수 있어. 직접 그녀에게 가게 해 주지.
수크레 : 마리크루즈한테? (회의적으로) 날 마리크루즈한테 데려다 준다고?
마이클 : 맞아.
수크레 : 그래? 어떻게 할 건데?

링컨이 하던 일을 멈추고 주의 깊게 듣는다.

마이클 : (건너편 링컨을 응시하며) 우린 여기서 탈출할 거야.
수크레 : (신중한 표정으로) 어떻게?

마이클은 그를 다른 수감자들로부터 멀리 데려간다.

마이클 : 우리 감방에서 시작되지.
수크레 : 우리 감방에서?

링컨이 그 비누 두 쪽을 집어 든다.

마이클 : 사실은 벌써 시작했어.
수크레 : 아.

그는 화가 나서 마이클에게 돌아선다.

■ **skeptical**
회의적인, 의심 많은, 신용하지 않는
- having doubts that a claim or statement is true or that something will happen

■ **wary**
신중한, 세심한, 방심하지 않는
- careful when dealing with somebody/something because you think that there may be a danger or problem

to tell you the truth
사실은

▶ if I tell you the truth가 준 부정사구문으로 truth to tell로도 쓰며, 보통 문장 첫머리에 써서 '사실은, 사실을 말하자면'의 뜻임.

SUCRE : Are you crazy? You think I wanna break out of here? Sixteen months from now I'm at the gate. I'm getting married, Papi, and I'm sure as hell not doin' it with no posse on my ass. Man, I oughta beat you six ways till Sunday! I lost my conjugals, pindejo, all because of your little bar of soap.

MICHAEL : (still looking at him steadily) I had to test you. See if you could keep a secret.

SUCRE : (getting in his face) You want a secret? I got a secret for you, fish.

Lincoln is still listening carefully.

SUCRE : You dig in my cell while I'm there, and I'm gonna split your wig.

He points at his head.

SUCRE : (in Spanish) Yo me intiendo?

He storms out angrily.
Lincoln turns to Michael.

LINCOLN : That went well.

He walks off.
The shot zooms in on Michael's face and then through the tunnels of the prison.

수크레   : 미쳤어? 내가 탈옥 따위를 하고 싶을 것 같아? 앞으로 16개월이면 출옥해서 결혼할 거란 말이야. 추격대에 쫓기지 않고. 젠장, 일주일 내내 두들겨 패도 시원치 않겠어! 네 놈의 비누 조각 따위에 특별 면회권을 잃다니.

마이클   : (여전히 한결같이 그를 쳐다보면서) 널 시험해 봐야 했어. 네가 비밀을 지킬 수 있는지 알아봐야 했어.

수크레   : (그의 얼굴에 다가서며) 비밀을 원해? 그럼 비밀 하나 말해 줄까, 신참?

링컨은 여전히 주의 깊게 듣고 있다.

수크레   : 같이 있는 동안 내 방에서 굴 파면 네 머리통 날아갈 줄 알아.

그는 그의 머리를 가리킨다.

수크레   : (스페인어로) 알아듣겠어?

그는 화가 나서 급히 사라진다.
링컨이 마이클에게 돌아선다.

링 컨   : 잘도 돼가는구나.

그는 사라진다.
카메라는 마이클의 얼굴을 비추고는 교도소의 터널을 통해 지나간다.

- **posse**
  무장(보안)대, 경관대, 주내 민병대
  - a group of people who are similar in some way
  - (in the U.S. in the past) a group of people who were brought together by a sheriff (= an officer of the law) in order to help him catch a criminal

- **pindejo**
  〈스페인어〉 바보

- **wig**
  〈속어〉 머리, 머리털

- **Yo me intiendo?**
  〈스페인어〉 알아듣겠어?

3

왜 죽는 모습까지 보여줘야 하죠?

WHY WOULD I LET THEM WATCH ME DIE?

PRISONBREAK

29. EXT. CHICAGO HIGH-RISES. DAY
Pan over Chicago.

VERONICA : (V.O.) Why don't we start with Lincoln's relationship ...

30. INT. VERONICA'S OFFICE. DAY
Veronica sits behind a laptop on a desk, talking to Leticia.
Leticia perches on a stool in front of Veronica.

VERONICA : ... with your boyfriend?

LETICIA : Real simple. He owed my man ninety thousand, and he wasn't gettin' it done. Then all of a sudden, it gets done. Crab walks in with ninety K and a big ass smile on his face.

VERONICA : Who paid him?

LETICIA : Not Lincoln. They paid his marker.

VERONICA : Who's they?

Leticia gets nervous and gets up to pace around.

VERONICA : It's all right, Leticia. I told you, you're safe here.

Leticia hesitates and looks out the window.

LETICIA : Crab brought this guy home. Never seen him before ...

Flashback.

29. 외부. 시카고 고층 건물들. 낮

카메라가 시카고를 위에서 비춘다.

베로니카 : (목소리) 링컨의 관계부터 얘기해 봐요…

30. 내부. 베로니카의 사무실. 낮

베로니카가 레티샤에게 이야기를 하면서 책상 위의 컴퓨터 뒤에 앉아 있다.
레티샤는 베로니카 앞의 의자에 걸터앉아 있다.

베로니카 : …당신 남자 친구와.

레티샤 : 아주 간단해요. 링컨이 내 남자 친구에게 9만 달
러를 빚져 그걸 갚지 못했어요. 그런데 갑자기
빚이 청산된 거예요. 크랩이 9만 달러를 들고 미
소를 지으며 왔어요.

베로니카 : 누가 갚은 거죠?

레티샤 : 링컨은 아니고 그들이오.

베로니카 : 그들이라면?

레티샤는 초조해지며 일어나 이리저리 걸어다닌다.

베로니카 : 괜찮아요, 레티샤. 여기는 안전하다니까요.

레티샤는 주저하며 창 밖을 내다본다.

레티샤 : 크랩이 생전 처음 본 남자를 집에 데려 왔었어
요…

플래시백.

■ **high-rise**
고층 건물〔아파트〕
- a high-rise apartment or office
  building
  • high-rise
   - (of a building) very tall and
     having a lot of floors

■ **laptop**
(무릎에 올려 놓을 수 있을 정도 크기
의) 랩탑 컴퓨터, 휴대용 퍼스널 컴퓨터
- a small computer that can work
  with a battery and be easily carried
  K 1,000

He wasn't gettin' it done.
그는 그것을 갚지 못했다.

▶ get done은 '~을 해치우다, 끝내다, 완료하다'의 뜻이다.

31. INT. CRAB SIMMONS APARTMENT. DAY
A guy in a white cap meets with Crab at the door.
Crab waves a hand to Leticia to leave.

LETICIA : (V.O.) ... Crab did what he always did when he was doin' big business. He told me to take a walk, so that's exactly what I did.

Leticia in the flashback stands up and leaves.

LETICIA : There was something about this guy, though. He wasn't the kinda guy ... Crab usually dealt with.

End flashback.

32. INT. VERONICA'S OFFICE. DAY

VERONICA : What do you mean?

LETICIA : Couldn't put my finger on it till he went outside ...

Flashback again.

33. INT. CRAB SIMMONS APARTMENT. DAY
Leticia opens a slat in the blinds and sees the man walk toward a black car.

LETICIA : (V.O.) ... Then I knew. He had that look.

VERONICA : (V.O.) What look?

Two familiar Secret Service men go to their car in fancy suits.

31. 내부. 크랩 시몬스의 아파트. 낮
흰 모자를 쓴 한 남자가 문간에서 크랩을 만난다.
크랩은 레티샤에게 나가 있으라고 손을 흔든다.

레티샤 　　: (목소리) …크랩이 자신의 사업을 할 때 늘 그러는
　　　　　　 것처럼 날보고 산책 갔다 오라고 하더군요, 그래
　　　　　　 서 그렇게 했죠.

플래시백에서 레티샤는 일어나 나간다.

레티샤 　　: 하지만 그 자한테는 뭔가가 있었어요. 그 자는…
　　　　　　 평소 크랩이 거래하는 타입의 남자가 아니었어요.

플래시백이 끝난다.

32. 내부. 베로니카의 사무실. 낮

베로니카 　: 무슨 뜻이죠?
레티샤 　　: 그가 밖에 나갈 때까지는 딱 꼬집어 말할 순 없
　　　　　　 었죠…

다시 플래시백.

33. 내부. 크랩 시몬스의 아파트. 낮
레티샤는 블라인드의 널조각을 열고 그 남자가 검정색 차로 걸어가는 것을 본다.

레티샤 　　: (목소리) …그때 알았죠. 그 표정 때문에요.
베로니카 　: (목소리) 어떤 표정이오?

화려한 양복을 한 두 사람의 낯익은 비밀 검찰국 남자는 자기들 차로 간다.

- **deal with**
  다루다, 취급하다, 처리하다
  - to solve a problem, carry out a task, etc.

- **slat**
  널조각, (블라인드 등의) 얇고 긴 널빤지
  - one of a series of thin flat pieces of wood, metal or plastic, used in furniture, fences, etc.

Couldn't put my finger on it.
그걸 확실히 지적할 수가 없었다.

▶ put one's finger on은 '~을 확실히〔분명히〕지적하다'의 뜻이다.

LETICIA   : You know, like they own the place.

The flashback continues. The guy in the white cap meets with Kellerman and Hale on the street below.

LETICIA   : (V.O.) Like they're untouchable. Like they're government.

VERONICA   : (V.O.) So the government paid Lincoln's debt?

End flashback.

34. INT. VERONICA'S OFFICE. DAY
Leticia's look to Veronica's previous question answers it.

VERONICA   : Did Crab say what they wanted in return?

LETICIA   : Uh-uh.

She shakes her head slightly.

VERONICA   : All right. Just give me a moment to type this up.

Leticia heads for the door.

VERONICA   : Where are you going?

LETICIA   : I'm gonna have a smoke.

VERONICA   : This is only gonna take me a minute.

LETICIA   : (opening the door) So will the smoke.

She leaves and Veronica turns back to her laptop.

레티샤   : 그곳을 소유하고 있는 것 같은 거요.

플래시백이 계속된다. 흰 모자를 쓴 그 남자는 아래의 거리에서 켈러먼과 헤일을 만난다.

레티샤   : (목소리) 자기들은 아무도 건드릴 수 없다는 그런 표정이었어요. 정부 소속 같아요.
베로니카   : (목소리) 그럼 정부가 링컨의 빚을 갚아줬다고요?

플래시백이 끝난다.

34. 내부. 베로니카의 사무실. 낮
레티샤는 아무 말도 하지 않는다.

베로니카   : 대가로 그들이 뭘 바라는지 크랩이 얘기하던가요?
레티샤   : 어어.

그녀는 약간 고개를 가로젓는다.

베로니카   : 알았어요. 이걸 타이프 치는 동안 잠깐만 기다려요.

레티샤가 문으로 걸어간다.

베로니카   : 어디 가요?
레티샤   : 담배 한 대 피우러요.
베로니카   : 이거 잠깐이면 되는데.
레티샤   : (문을 열면서) 담배도 그래요.

그녀는 나가고 베로니카는 컴퓨터로 돌아간다.

- **untouchable**
  실체가 없는, 공격할 수 없는, 의심할 수 없는
  - that cannot be touched or changed by other people
  - (in India) belonging to or connected with the Hindu social class (or caste) that is considered by other classes as the lowest

- **in return**
  그 대신에, 답례로, 회답으로
  - as a way of thanking somebody or paying them for something they have done
  - as a response or reaction to something

So will the smoke.
담배도 그래요.

▶ The smoke is gonna take me a minute, too.와 같은 표현이다.

35. EXT. FOX RIVER. ADMINISTRATIVE BUILDING. DAY

36. INT. INFIRMARY. DAY
Dr. Tancredi tends to Michael's bandaged foot.

DR. TANCREDI : No redness or swelling, so there's no sign of infection. I'm gonna keep you on antibiotics for the next ten days. You should be good.

She finishes, looks up at Michael and stands up.

DR. TANCREDI : Michael, you understand by law I'm obligated to file a report if I feel there's been prisoner misconduct. There's no way this injury happened by stepping on a blade in a garden shed.

Michael slowly puts his sock and shoe back on.

MICHAEL : (plainly) If you file a report, things could get a lot worse for me.

DR. TANCREDI : They're not already?

MICHAEL : (looking at her evenly) Not compared to what they could be.

He looks down, smiling sadly.

MICHAEL : I've made some enemies.

DR. TANCREDI : (sighing) Yeah. You scared?

35. 외부. 폭스 리버. 행정 건물. 낮

36. 내부. 의무실. 낮
탠크레디 의사가 마이클의 붕대가 감겨진 발을 살핀다.

탠크레디 의사   : 빨개지거나 부기가 없으니 감염은 없어요. 항생
제를 앞으로 열흘간 드리겠어요. 괜찮아질 거예
요.

그녀는 치료를 끝내고 마이클을 쳐다보면서 일어선다.

탠크레디 의사   : 마이클, 죄수들의 비행이 짐작되면 난 법상으로
보고서를 제출할 의무가 있다는 것 알고 계시죠.
이건 원예용 가위를 밟았다고 생기는 부상이 아
니에요.

마이클은 천천히 양말과 구두를 신는다.

마이클   : (명백하게) 보고서를 제출하시게 되면 내 상황만 더
악화될 뿐입니다.
탠크레디 의사   : 이미 그런 거 아닌가요?
마이클   : (그녀를 고르게 쳐다보며) 최악의 상황은 아니죠.

그는 슬프게 미소 지으면서 시선을 떨군다.

마이클   : 내가 적을 좀 만들었거든요.
탠크레디 의사   : (한숨을 쉬면서) 그렇군요. 두려워요?

- **swelling**
몸의 부은 데, 혹, 종기, 부푼 부분
- the condition of being larger or
rounder than normal
- a place on your body that has
become larger or rounder than
normal as the result of an illness or
injury

- **antibiotic**
항생제

- **blade**
칼날, 칼몸, 면도기, 스케이트 등의 날
- the flat part of a knife, tool or
machine, which has a sharp edge
or edges for cutting

- **plainly**
명백히, 노골적으로, 솔직히
- in a way that is easy to see, hear,
understand or believe
- using simple words to say
something in a direct and honest
way
- in a simple way, without decoration

- **evenly**
고르게, 평탄하게
- in a smooth, regular or equal way
- with equal amounts for each
person or in each place
- calmly
- without showing any emotion

I'm obligated to file a report.
난 보고서를 제출할 의무가 있어요.

▶ be obligated to는 '~할 의무가 있다', file은 '(증서 · 서류를) 정식으로 제출하다'의
뜻임.

87

Beat.
Michael doesn't say anything. She drops her head.

DR. TANCREDI : Men. Okay, ...

Michael smiles at that and laughs softly.

DR. TANCREDI : ... um, here's what I think. I think you are scared. And you wouldn't be human if you weren't scared in a place like this.

He is tying his shoelace.

MICHAEL : When I was young, I couldn't sleep at night ...

He finishes tying his shoe and puts his foot down, straddling the bed.

MICHAEL : ... because I thought there was a monster in the closet.

Dr. Tancredi smiles.

MICHAEL : But my brother told me there wasn't anything in the closet but fear, and fear wasn't real. He said it wasn't made of anything. It was just air. Not even that. He said you just have to face it. You just have to open that door, and the monster would disappear.

잠시.
마이클은 아무 말도 하지 않는다. 그녀는 고개를 떨군다.

탠크레디 의사 : 남자들이란. 좋아요, …

마이클은 그 말에 미소 지으며 부드럽게 웃는다.

탠크레디 의사 : …내 생각에 당신은 두려워하고 있어요. 이런 곳
에서 겁먹지 않는다면 사람이 아니겠죠.

그는 구두끈을 매고 있다.

마이클   : 어렸을 때 밤이면 잠을 못 이루곤 했었어요…

그는 구두끈 매는 것을 마치고 침대에 두 다리를 벌리고 앉으면서 발을 내려
놓는다.

마이클   : …벽장 안에 괴물이 있다고 생각했거든요.

탠크레디 의사가 미소를 짓는다.

마이클   : 그런데 형이 벽장 안에는 두려움이 있을 뿐이라
며 두려움은 실체가 아니라고 했어요. 실체가 아
닌 공기일 뿐이라고요. 그것조차도 아니라고요.
그러면서 그것에 직접 맞서야 한다고 했어요. 문
을 열면 괴물은 사라질 거라고요.

- **tie**
(끈, 새끼 등으로) 묶다, 붙들어 매다
- to attach or hold two or more
  things together using string, rope,
  etc.
- to fasten somebody/something
  with string, rope, etc.
- to fasten something to or around
  something else
- to make a knot in a piece of string,
  rope, etc.
- to be closed or fastened with a
  knot, etc.

- **straddle**
~에 걸터앉다, 두 다리를 벌리고 앉다
- to sit or stand with one of your
  legs on either side of somebody/
  something
- to cross, or exist on both sides of,
  a river, a road or an area of land
- to exist within, or include, different
  periods of time, activities or
  groups of people

Not even that.

그것조차도 아니다.

▶ It was not even air.(그것은 공기조차도 아니었다)를 줄인 표현임.

He looks down.

DR. TANCREDI : Your brother sounds like a smart man.

MICHAEL : (looks up at her) He is. In here, though, you face your fear, you open that door, ...

He begins to reveal some of his frustration and worry.

MICHAEL : ... and there's a hundred more doors behind it. And the monsters that are hiding behind them are all real.

DR. TANCREDI : If you want, I could recommend you be sent to Ad-Seg.

MICHAEL : (smiling bluntly) With the rape victims and the snitches.

He stands up.

DR. TANCREDI : It would keep you safe.

MICHAEL : Thanks. But I think I'd like to face the monsters on my own.

He walks out.

37. INT. VERONICA'S OFFICE. DAY
Someone approaches her as she types at her computer.

VERONICA : (not looking up) Have a good smoke?

KELLERMAN : I don't smoke.

그는 아래쪽을 바라본다.

탠크레디 의사 　: 형이 현명한 분 같네요.
마이클 　: (그녀를 쳐다본다) 맞아요. 하지만 이곳에선 두려움
　　에 맞서 문을 열면, …

그는 자신의 좌절과 근심을 나타내기 시작한다.

마이클 　: … 문 너머에 백 개가 넘는 다른 문이 더 있죠.
　　그리고 그 문 뒤에 숨어 있는 괴물들도 모두 실
　　체고요.
탠크레디 의사 　: 원한다면 격리 수용실 이송을 추천해 줄 수도 있
　　어요.
마이클 　: (통명스럽게 미소 지으면서) 강간범들과 밀고자들이 가
　　는 곳이죠.

그는 일어선다.

탠크레디 의사 　: 거긴 안전하잖아요.
마이클 　: 고마워요. 하지만 직접 괴물들과 맞서고 싶어요.

그는 걸어나간다.

37. 내부. 베로니카의 사무실. 낮
베로니카가 컴퓨터에 타자를 하고 있는데 누군가가 다가온다.

베로니카 　: (쳐다보지 않고) 담배 잘 피우셨어요?
켈러먼 　: 전 담배 안 피웁니다.

- **frustration**
  좌절
  - the feeling of being frustrated
  - something that causes you to feel frustrated

- **rape**
  성 폭행, 강간
  - the crime of forcing sb to have sex with you, especially using violence

- **snitch**
  밀고자(snitcher)
  • snitch
  〈구어〉 고자질하다, 밀고하다
  - to tell a parent, teacher, etc. about something wrong that another child has done

I'd like to face the monsters on my own.
직접 괴물들과 맞서고 싶어요.

▶ on one's own은 구어로 '스스로, 독립하여, 혼자 힘으로'의 뜻임.

Veronica looks up slowly in concern at his voice. The shot reveals Agent Kellerman, who sits down smiling.

KELLERMAN : Didn't mean to startle you.

He holds out a hand.

KELLERMAN : Special Agent Kellerman, Secret Service.

Veronica shakes his hand, extremely wary.

KELLERMAN : We've been informed that you obtained a copy of the surveillance tape entered as evidence in the Lincoln Burrows trial.

VERONICA : Is there a problem with that?

KELLERMAN : We're just following up.

VERONICA : Has there been some amendment to the Freedom of Information Act that I'm not aware of?

KELLERMAN : (smiling wryly) You know, when a prisoner gets close to the end of his time on Death Row, there's a lot of last minute—

VERONICA : I'm sorry, I still don't understand why this would be a problem for the Secret Service.

KELLERMAN : It's not. The prosecution made its case far beyond any reasonable doubt, and we know that we have the right man.

베로니카는 그의 목소리에 걱정스럽게 천천히 고개를 쳐든다. 카메라는 웃으면서 앉고 있는 켈러먼 요원을 비춘다.

켈러먼   : 놀라게 할 생각은 없었어요.

그는 손을 내민다.

켈러먼   : 비밀 검찰국의 특수 요원 켈러먼입니다.

베로니카는 지극히 신중하게 그와 악수를 한다.

켈러먼   : 당신이 링컨 버로스 재판의 증거물인 감시 테이프 사본을 소지하고 있다고 들었습니다.

베로니카 : 거기에 무슨 문제라도 있나요?

켈러먼   : 더욱 철저하게 하려는 것 뿐입니다.

베로니카 : 정보 공개법에 제가 모르는 수정 사항이라도 있었나요?

켈러먼   : (씁쓸하게 웃으면서) 사형 집행일이 다가올수록 일이 많이 복잡해져서—

베로니카 : 미안하지만, 비밀 검찰국에서 왜 문제 삼는지 모르겠군요.

켈러먼   : 문제라니요. 검찰측에서 확실한 사실 입증을 했고 진범을 잡았다고 생각하고 있습니다.

■**amendment**
개정, 수정(안), 개심
- a small change or improvement that is made to a law or a document
- the process of changing a law or a document
- (Amendment) a statement of a change to the constitution of the U.S.

■**prosecution**
기소, 고발, 수행, 실행, 추구, 기소자측
- the process of trying to prove in a court of law that somebody is guilty of a crime (= of prosecuting them)
- the process of being officially charged with a crime in a court of law
- (the prosecution) a person or an organization that prosecutes somebody in a court of law, togothor with the lawyers, etc.
- the act of making something happen or continue

We're just following up.
더욱 철저하게 하려는 것 뿐입니다.

▶ follow up은 '계속〔끝까지〕 추구하다, 철저히 추적하다, 더욱 철저하게 하다'의 뜻임.

Veronica looks skeptical.

KELLERMAN : That being said, if you come across anything that could shed some light on his innocence, I'm offering my help.

VERONICA : (sarcastic) Sounds great. I really appreciate you coming by.

She stands, smiling and he follows suit. They shake hands again.

VERONICA : Do you have a card, Agent Kellerman?

KELLERMAN : Of course.

He hands her one.

KELLERMAN : Don't hesitate to call.

VERONICA : Thanks.

He leaves and she looks down at the card, then out the window, remembering.

VERONICA : (to herself) Leticia ...

She exits her office.

38. INT. OFFICE SMOKING LOUNGE. MOMENTS LATER
Veronica searches for Leticia and looks into the staff break room where a freshly extinguished cigarette still has a smoke rising from the ash tray; but no one in the room.

베로니카는 회의적인 표정이다.

켈러먼 : 그래서 말씀인데 혹시라도 사형수의 결백을 입증
하는 게 있다면 제가 돕도록 하죠.
베로니카 : (반어적으로) 고맙군요. 들러 주셔서 정말 감사합니다.

그녀가 미소 지으며 일어서자 그도 따라 일어선다. 그들은 다시 악수를 한다.

베로니카 : 혹시 명함 있으신가요, 켈러먼 요원?
켈러먼 : 물론이죠.

그는 한 장의 명함을 건넨다.

켈러먼 : 주저 말고 전화 주세요.
베로니카 : 고맙습니다.

그는 방을 나가고 그녀는 명함을 보고는 창 밖을 바라보면서 기억을 해낸다.

베로니카 : (혼자서) 레티샤…

그녀는 사무실을 나간다.

38. 내부. 사무실 흡연 구역. 잠시 후
베로니카는 레티샤를 찾으며 직원들이 휴식하는 방 안을 본다. 거기에는 재떨이에서 아직도 연기가 피어 오르는 막 꺼진 담배가 보이는데 방 안에는 아무도 없다.

- **come across**
  ~을 뜻밖에 만나다, 발견하다

- **shed light on**
  ~을 명백히 하다, 비추다

- **sarcastic**
  빈정대는, 비꼬는, 풍자적인, 냉소적인
  - showing or expressing sarcasm

- **extinguish**
  불을 끄다, 소등하다, 진화하다
  - to make a fire stop burning or a light stop shining
  - to put out

I really appreciate you coming by.
들러 주셔서 정말 감사합니다.

▶ you 대신 your를 써도 됨. come by 는 속어로 '지나는 길에 들르다'의 뜻.

39. EXT. VERONICA'S BUILDING. MOMENTS LATER
Veronica hurries out to the street where she sees Kellerman getting into a black car.
It quickly pulls away from the curb. Her cell phone rings, the caller I.D. reading
"Sebastian Work Calling." She answers it.
Intercut between Veronica and Sebastian.

VERONICA   : Sebastian, I'm so sorry, I—

40. INT. WEDDING RECEPTION HALL. DAY

SEBASTIAN   : Where are you?

VERONICA   : I'm sor—this just isn't the time. I'm sorry.

SEBASTIAN   : This is the time. I'm at the reception hall. The
coordinator's here, the vendors.

Veronica sighs.

VERONICA   : Look, I ... I'm just ... I'm sorry, I ... I can't talk right now.

She gasps for breath and hangs up. She goes inside the building.
Sebastian, on the other hand, laughs in disbelief.

41. INT. FOX RIVER. CELL BLOCK. DAY
The shot pans over to Abruzzi's cell. Abruzzi and his cellmate, Gus, look out at
Michael's as he comes back from the infirmary.

GUS   : I say we take his whole foot.

ABRUZZI   : We could cut off all his limbs, he still wouldn't talk.
Pain is not the answer here. (dryly) Maybe the Beatles
were right after all. Maybe all you need is love.

39. 외부. 베로니카의 빌딩. 잠시 후
베로니카가 급히 거리로 달려 나와 켈러먼이 흑색 자동차에 타는 것을 본다.
그 차는 재빨리 보도에서 달려나간다. 그녀의 휴대전화가 울리는데 화면에는
'세바스찬'이란 발신지의 이름이 보인다.그녀는 전화를 받는다.
화면은 베로니카와 세바스찬 사이를 오간다.

베로니카　　: 세바스찬, 정말 미안해, 난—

40. 내부. 결혼 연회장. 낮

세바스찬　　: 어디 있는 거야?
베로니카　　: 미안해—지금 통화할 때가 아니야. 미안해.
세바스찬　　: 지금이 통화할 때지. 나 지금 연회장에 있어. 결
　　　　　　　 혼식 담당자하고 물품 담당자들도 다 와 있다고.

베로니카는 한숨을 짓는다.

베로니카　　: 이봐, 난… 난 그저… 미안해, 난… 정말 지금은
　　　　　　　 통화할 수 없어.

그녀는 숨을 헐떡이며 전화를 끊는다. 그녀는 건물 안으로 들어간다.
반면에 세바스찬은 믿을 수 없다는 듯이 웃는다.

41. 내부. 폭스 리버. 감방 블록. 낮
카메라는 아브루치의 감방을 비춰 내려간다. 아브루치와 그의 감방 동료인 거
스는 마이클이 의무실에서 돌아오자 마이클의 감방을 바라본다.

거 스　　: 녀석의 발을 몽땅 잘라버리죠.
아브루치　: 사지를 다 잘라도 불지 않을 놈이야. 신체적 고
　　　　　　 통은 해답이 못 돼. (냉담하게) 결국 비틀스 말이
　　　　　　 맞긴 하군. 필요한 건 오직 사랑이거든.

■ **coordinator**
진행자, 코디네이터, 조정자, 의견 등
을 종합하는 사람

■ **vendor**
행상인, 〈법률〉 매주, 매각인
- a person who sells things, for
  example food or newspapers,
  usually outside on the street
- (law) a person who is selling a
  house or other property

■ **dryly**
냉담하게, 무미건조하게
- if somebody speaks dryly, they are
  being humorous, but not in an
  obvious way
- in a way that shows no emotion
- in a way that shows that there is
  no liquid present

He still wouldn't talk.

그래도 그는 불지 않을 거야.

▶ would에는 '거절, 주장, 의지'의 뜻이 있으며, 여기에서는 일종의 가정 구문이다.

42. INT. MICHAEL & SUCRE'S CELL. DAY

Michael arrives back at his cell only to stop at the door when he sees Sucre stuffing all kinds of his possessions in a pillow case.

MICHAEL : What are you doing?

SUCRE : What does it look like I'm doing? I'm rolling it up.

Michael steps in quickly and faces him.

MICHAEL : You can't do this.

SUCRE : I'm done playing your reindeer games, fish. I'm gonna transfer to a nice quiet cell with a normal cellie. One that doesn't screw my entire life up.

MICHAEL : (quietly) Look, I'm sorry about your conjugals. But if you go now ...

He glances at the C.O.s behind him talking to each other.

MICHAEL : Don't do this, please.

SUCRE : Listen to me, fish. I got sixteen months. I got a fiancée to think about. I get caught with a hole in my wall, I don't get to see the real world for another five years.

C.O. MACK : Let's go, Sucre.

Sucre pushes past Michael.

SUCRE : I can't do that.

42. 내부. 마이클과 수크레의 감방. 낮

마이클은 자기 감방에 도착해서 문에 서서는 수크레가 베개 싸개에 자기 물건 전부를 쑤셔 넣는 것을 본다.

마이클   : 뭐 하는 거야?

수크레   : 뭐 하는 거 같아? 짐 싸고 있잖아.

마이클은 재빨리 들어서며 그와 얼굴을 마주한다.

마이클   : 이럴 순 없어.

수크레   : 더 이상 네 놀음에 놀아나지 않아, 신참. 조용하
               고 정상적인 빵 동기한테 갈 거야. 내 인생을 망
               치지 않는 그런 놈한테.

마이클   : (조용히) 이봐, 배우자 면회 일은 미안해. 하지만
               지금 가면…

그는 그 뒤쪽에서 서로 대화를 하고 있는 교도관들을 힐끗 본다.

마이클   : 제발, 이러지 마.

수크레   : 잘 들어, 신참. 난 16개월밖에 안 남았어. 약혼
               녀 생각을 해야 하고. 내 감방에서 탈출구가 발
               각되면 앞으로 5년은 세상 구경 못 해.

맥 교도관   : 가자, 수크레.

수크레는 마이클 옆을 밀치듯 지나간다.

수크레   : 그럴 수는 없어.

■ **stuff**
~을 채우다, 채워 넣다, 속을 채우다
- fill a space or container tightly with something
- to push something quickly and carelessly into a small space

■ **reindeer games**
특히 크리스마스 때 가족들이 즐길 수 있는 게임의 일종

■ **screw up**
〈속어〉 ~을 망치다, 결딴내다
- to do something badly or spoil something

I'm rolling it up.
짐 싸고 있잖아.

▶ roll up은 '말아올리다, 모으다, 끝내다'의 뜻이다.

MICHAEL	: (catching him) There's always a solution. We can work it out.
SUCRE	: Sorry, fish.

He picks up his stuff and walks out. The gate closes on Michael.
Michael sighs with a troubled look.

43. INT. LINCOLN'S CELL. DAY

Reverend Mailor sits on his bed as Lincoln slumps against the wall.

REVEREND MAILOR	: Can I ask you something? Why have you denied any family or loved ones to be there for you in the end?
LINCOLN	: Why would I let them watch me die? I've caused them enough pain.
REVEREND MAILOR	: Maybe it's not about them watching you die.
LINCOLN	: (finishing the thought) Maybe it's about me watching them live. That the final torture?
REVEREND MAILOR	: No. It's about how you wanna leave this world. What's the last image you wanna take with you? A stranger?

Lincoln looks down, deep in thought.
The shot reveals to the Bible in Reverend Mailer.

44. INT. FOX RIVER. MESS HALL. DAY

T-Bag brandishes the gutter knife he got from the machine shop under the table and
watches Michael put his tray back. T-Bag stands up, but Abruzzi appears at his side
and pushes him back down into his chair.

마이클	: (그를 붙들며) 해결책은 있게 마련이야. 우린 잘 해 낼 수 있어.
수크레	: 미안해, 신참.

그는 자기 물건을 들고 나간다. 문이 마이클 앞에서 닫힌다.
마이클은 난처한 표정을 하며 한숨을 짓는다.

43. 내부. 링컨의 감방. 낮

링컨이 벽에 기댄 채 무너지듯이 앉아 있는데 메일러 목사가 그의 침대에 앉아 있다.

메일러 목사	: 뭐 좀 물어봐도 될까? 왜 마지막 순간에 가족이 나 사랑하는 사람들이 와주길 거부하지?
링 컨	: 왜 죽는 모습을 보여줘야 하죠? 이미 그들에게 충분한 고통을 주었는데요.
메일러 목사	: 중요한 건 그게 아닐세.
링 컨	: (생각을 끝내며) 그럼 가족들의 살아 있는 모습을 보 라고요? 마지막 고문으로?
메일러 목사	: 천만에. 중요한 건 자네가 어떻게 세상을 떠나는 가야. 어떤 얼굴들을 보며 세상을 떠나고 싶은 가? 이방인의 얼굴?

링컨은 시선을 떨군 채 깊은 생각에 잠긴다.
카메라는 메일러 목사의 성경을 비춘다.

44. 내부. 폭스 리버. 식당. 낮

티백이 식탁 아래에서 기계 공장에서 가져온 칼을 휘두르며 마이클이 음식 쟁반을 반납하는 것을 지켜본다. 티백이 일어나는데 아브루치가 그 옆에 나타나 의자에 그를 다시 밀어 앉힌다.

- **reverend**
  성직자의 경칭, 목사님, 성직자
  - the title of a member of the clergy that is also sometimes used to talk to or about one

- **slump**
  무너지듯이 앉다, 푹 쓰러지다
  - to fall in price, value, number, etc., suddenly and by a large amount
  - to sit or fall down heavily

- **torture**
  고문, 심한 고통, 고뇌, 가책
  - the act of causing somebody severe pain in order to punish them or make them say or do something
  - mental or physical suffering
  - something that causes this

- **mess hall**
  (군대, 공장 등의) 식당

We can work it out.

우린 잘 해낼 수 있어.

▶ work out은 '(문제를) 풀다, (계획 등을) 완전히 세우다'의 뜻이다.

ABRUZZI	: Got an issue with our little friend over there?
T-BAG	: I don't gotta come to you. You don't give the green light.
ABRUZZI	: Everything in here runs through me. You know that.
T-BAG	: Maytag's in the ground because of that piece of detritus.
ABRUZZI	: So now you want him.
T-BAG	: Every day for the rest of his bid.
ABRUZZI	: Seems you and I have something in common, then.

T-Bag looks up in interest.

45. INT. FOX RIVER. HALLWAY. DAY
The inmates are all walking in line heading back to the block. Michael gets pushed out of the line and into a stock room by Gus.

GUS : Get in!

46. INT. MESS HALL STOCK ROOM. CONTINUOUS
Michael looks around, worried.
Abruzzi and two other cronies are waiting for him inside.

ABRUZZI : (his back to Michael) Easy, now, fish. Don't make this any harder than it needs to be.

He turns around.

ABRUZZI : It's time we came to an arrangement, don't you think?

As Abruzzi says this, T-Bag materializes from behind him. He looks at Michael.

아브루치	: 저기 우리 애송이 친구한테 볼 일이라도 있나?
티 백	: 이런 것까지 그 쪽 허락받을 필요는 없잖아.
아브루치	: 이곳의 모든 일은 날 통해야 해. 너도 알잖아.
티 백	: 저 쓰레기 같은 놈 때문에 메이택이 죽었어.
아브루치	: 그래서 놈을 원하나?
티 백	: 놈이 죽을 때까지 매일.
아브루치	: 그럼 너와 난 공통점이 있군.

티백이 흥미를 느끼며 쳐다본다.

45. 내부. 폭스 리버. 복도. 낮
수감자들이 모두 줄지어 감방 블록으로 돌아가고 있다. 마이클이 거스에 의해 줄 밖으로 밀려나와 저장실로 끌려 들어간다.

거 스	: 들어가!

46. 내부. 식당 저장실. 계속
마이클이 근심스럽게 주위를 살핀다.
아브루치와 다른 두 일당들이 안에서 그를 기다린다.

아브루치	: (등 뒤로 마이클에게) 소란 피우지 말자고, 신참. 필요 이상으로 힘들게 하지 말자고.

그가 돌아본다.

아브루치	: 우리 이제 합의를 볼 때라 생각 안 해?

아브루치가 이 말을 하는데 티백이 그 뒤로부터 형체가 보인다. 그는 마이클을 보고 있다.

- **give the green light**
  허가를 내주다

- **detritus**
  시체, 배설물, 유기 분해물
  - natural waste material that is left after something has been used or broken up
  - any kind of rubbish/garbage that is left after an event or when something has been used

- **bid**
  〈미국 경찰 속어〉
  - length of his prison sentence

- **stock room**
  (식품·물자·상품 등의) 저장실
  • stock
    - a supply of goods that is available for sale in a shop/store
    - a supply of something that is available for use

- **materialize**
  형체를 부여하다
  - (usually used in negative sentences) to take place or start to exist as expected or planned
  - to appear suddenly and/or in a way that cannot be explained

4

LINCOLN, WE HAVE A PROBLEM

PRISONBREAK

47. EXT. FOX RIVER PENITENTIARY. DAY

48. INT. MESS HALL STOCK ROOM. DAY
T-Bag walks over to Michael, smiling.

T-BAG　　　: You know, I was thinkin' I was gonna gut you bow to stern as soon as I laid eyes on you. But alackaday, you look so pretty when you're scared, don't you?

He turns to Abruzzi.

T-BAG　　　: Maybe we oughta get the love out of the way before we move onto the hate.

He turns back to Michael.

T-BAG　　　: What do you say to that, pretty?

He licks his lips.

T-BAG　　　: Hm? Yeah. Yeah, maybe it's time I lit up that leather once and for all.

He puts the gutter down on a wall. As soon as he's unarmed, Abruzzi elbows him hard in the face. Michael shields his face with his arm. T-Bag falls back and Abruzzi punches him again in the face. He fights T-Bag off and his cronies incapacitate him. Abruzzi turns back to Michael.

ABRUZZI　　　: Ah, he talks too much.

47. 외부. 폭스 리버 교도소. 낮

48. 내부. 식당 저장실. 낮
티백이 미소를 지으며 마이클에게 다가온다.

티 백 : 널 보자마자 머리에서 발끝까지 잘라버리고 싶었어. 하지만 겁에 질렸을 때 넌 정말 예쁘단 말이야, 안 그래?

그가 아브루치에게 돌아선다.

티 백 : 작업 들어가기 전에 연애나 한번 할까 하는데.

그는 다시 마이클에게 돌아선다.

티 백 : 네 생각엔 어때, 예쁜이?

그는 자신의 입술을 핥는다.

티 백 : 음? 그래. 그래, 마지막으로 사랑을 불 태워 볼 때가 됐어.

그는 그 칼을 벽에 꽂는다. 그가 무기를 놓자마자, 아브루치는 팔꿈치로 그의 얼굴을 강타한다. 마이클은 얼굴을 팔로 가린다. 티백을 뒤로 자빠지고 아브루치는 그의 얼굴에 다시 주먹을 날린다. 그가 티백으로부터 손을 떼려하자 그의 일당들이 달려들어 그를 무능력하게 한다. 아브루치는 마이클에게 돌아선다.

아브루치 : 아, 거 참 말 많네.

- **alackaday**
  슬픔을 나타내는 감탄사

- **shield**
  ~을 감싸다, 은폐하다, 안 보이게 하다, 보호하다
  - to protect somebody/something from danger, harm or something unpleasant

- **fight off**
  ~을 싸워서 격퇴하다, 퇴치하다, ~에서 손을 떼려고 애쓰다
  - to resist somebody/something by fighting against them/it

- **incapacitate**
  ~을 무능력하게 하다, 부적격하게 하다
  - to make somebody unable to live or work normally

It's time I lit up that leather.

사랑을 불 태울 때야.

▶ leather는 속어로 '피부'의 뜻이다. It's time 뒤에는 가정법 과거형이 온다.

He grabs the back of Michael's head and pulls it toward him.

ABRUZZI   : You and I need to have a conversation.

They leave the room together. Abruzzi's boys continue beating up T-Bag.

49. INT. MESS HALL. CONTINUOUS
Abruzzi and Gus bring Michael out. They walk back into the line.
Abruzzi smoothes his hair back.

ABRUZZI   : What happened in there was my way of saying I know I've been going about this whole thing the wrong way.

Michael just looks at him, extremely wary.

INMATE   : (V.O.) Got a man down!

The C.O.s rush to the room where T-Bag lays.

ABRUZZI   : I'm trying to make amends here.
INMATE   : (V.O.) Come on, we need some help in here!
ABRUZZI   : Bygones be bygones.
INMATE   : (V.O.) Need a doctor down here, quick!

He holds out his hand. Michael looks at Abruzzi with heavy suspicion.

MICHAEL   : You're a mercurial man, John.
ABRUZZI   : I prefer bold.

그는 마이클의 뒷머리를 잡고는 자기쪽으로 끌어당긴다.

아브루치 : 나랑 얘기 좀 해야겠다.

그들은 함께 방을 나간다. 아브루치의 부하들은 계속 티백을 때린다.

49. 내부. 식당. 계속

아브루치와 거스는 마이클을 데리고 나온다. 그들은 다시 줄로 걸어 들어간다. 아브루치는 자기 머리를 만져 뒤로 넘긴다.

아브루치 : 안에서 있었던 일은 여태껏 내가 일을 잘못했다는 것을 나타내는 것이지.

마이클은 단지 몹시 신중하게 그를 바라본다.

수감자 : (목소리) 누가 쓰러져 있어요!

교도관들이 티백이 누워 있는 곳으로 달려간다.

아브루치 : 보상으로 생각해.
수감자 : (목소리) 여기 좀 도와 줘!
아브루치 : 지난 일은 잊자고.
수감자 : (목소리) 의사 불러, 빨리!

그는 손을 내민다. 마이클은 매우 의심스럽게 아브루치를 바라본다.

마이클 : 변덕이 심하시군, 존.
아브루치 : 배짱 있다는 말을 더 좋아하지.

■ **bygone**
과거의 일, 과거, 지난 일
- happening or existing a long time ago
  • Let bygones be bygones.
    〈속담〉과거를 묻지 마세요, 과거사는 흘려 보내자.

■ **mercurial**
변덕스러운, 경박한, 민활한
- often changing or reacting in a way that is unexpected
- lively and quick

I prefer bold.

배짱이 있다는 말을 더 좋아하지.

▶ I prefer bold to mercurial.의 의미이다. bold는 '대담한, 배짱이 있는, 과감한'의 뜻.

He laughs and walks forward.

C.O.   : (V.O.) Come on, just keep it moving, guys. Come on.

The inmates begin to walk again in line.

50. EXT. FOX RIVER. YARD. DAY
The inmates are walking in the prison line into the square.
Abruzzi walks with Michael.

ABRUZZI   : Tell me what you need from me.

MICHAEL   : A trade. You get me a plane and I'll get you Fibonacci.

ABRUZZI   : What do you need a plane for?

MICHAEL   : I think you know.

ABRUZZI   : I help you, I'm in. You know that, don't you?

MICHAEL   : (looks at him) I do.

Abruzzi nods.

ABRUZZI   : I just gotta know the exact date and time.

MICHAEL   : I'll tell you soon enough.

ABRUZZI   : Soon enough ain't gonna cut it. I need to be outside
                   these walls before Fibonacci testifies.

MICHAEL   : You will be.

ABRUZZI   : (skeptical) He testifies in one month.

MICHAEL   : Then you'll be out in plenty of time.

ABRUZZI   : If not, you're a corpse.

그는 웃으며 앞쪽으로 걸어간다.

교도관 : (목소리) 다들 계속 이동해라. 어서.

수감자들은 다시 줄지어 걷기 시작한다.

50. 외부. 폭스 리버. 운동장. 낮
수감자들이 줄을 지어 운동장으로 걸어오고 있다.
아브루치가 마이클과 걷고 있다.

아브루치 : 내게 필요한 게 뭔지 말해.
마이클 : 거래. 비행기를 준비해 주면 피보나치를 넘기지.
아브루치 : 비행기는 왜 필요한 거지?
마이클 : 짐작하실 텐데.
아브루치 : 널 돕는다면 나도 낀다는 뜻인 거 알지?
마이클 : (그를 본다) 물론.

아브루치가 고개를 끄덕인다.

아브루치 : 정확한 날짜와 시간을 말해.
마이클 : 곧 알려주지.
아브루치 : 시간 없어. 피보나치가 증언하기 전에 여길 나가
야 해.
마이클 : 그렇게 될 거야.
아브루치 : (회의적으로) 증언은 한 달 후야.
마이클 : 그럼 시간은 충분해.
아브루치 : 아니면 넌 죽은 목숨이야.

- **trade**
  교환, 거래, 타협, 장사
  - the activity of buying and selling or of exchanging goods or services between people or countries
  - a particular type of business

- **corpse**
  (특히 사람의) 시체, 송장
  - a dead body, especially of a human being

What do you need a plane for?
비행기는 왜 필요한 거지?

▶ Why do you need a plane?과 같은 표현이다.

They both look at each other.

ABRUZZI : So you better cut the crap and tell me the exact date and time so I can start making the arrangements.

MICHAEL : I don't know if I can trust you with that information yet.

ABRUZZI : Why not?

MICHAEL : Like I said, John, you're a mercurial man.

They enter the prison yard.

51. INT. HALLWAY OUTSIDE VISITATION. DAY
Lincoln, wearing shackles, walks into the caged area with C.O. Patterson.

LINCOLN : Lewis, take these off.

He gestures to the hand shackles.

C.O. PATTERSON : Sink, I can't do that.

LINCOLN : Come on, man, I'm in a cage. Ten minutes.

C.O. Patterson goes to take him out, ignoring Lincoln's plea, but Lincoln blocks his path.

LINCOLN : Please. It's my kid.

C.O. Patterson looks out into the visiting area and then back at Lincoln and sighs.

그들 둘 다 서로를 바라본다.

아브루치　　　: 그러니까 여러 소리 말고 준비를 시작하게 날짜
　　　　　　　　와 시간을 말하라고.
마이클　　　　: 아직 당신을 못 믿겠어.
아브루치　　　: 왜?
마이클　　　　: 아까도 말했지만 당신은 변덕이 심하니까, 존.

그들은 교도소의 운동장으로 들어간다.

51. 내부. 방문객실 밖 복도. 낮
수갑을 찬 채 링컨이 패터슨 교도관과 함께 사방이 걷힌 지역으로 들어온다.

링 컨　　　　: 루이스, 이것 좀 풀어줘요.

그는 손의 수갑을 가리킨다.

패터슨 교도관　: 싱크대, 그럴 수 없어.
링 컨　　　　: 어서, 이봐, 철창 안이잖아. 10분만.

패터슨 교도관은 링컨의 간청을 무시하고 그를 데리고 나가는데 링컨이 길을
막는다.

링 컨　　　　: 제발 부탁해. 내 아들이야.

패터슨 교도관은 방문객실을 건너다보고는 링컨에게 시선을 돌리며 한숨을 짓
는다.

■ **crap**
〈속어, 비어〉 쓰레기, 배설물, 배변,
허튼소리, 허풍
 - nonsense
 - something of bad quality
 - criticism or unfair treatment
 - solid waste matter from the
   bowels

■ **caged**
　새장〔우리〕에 갇힌

■ **plea**
　탄원, 청원, 항변
 - an urgent emotional request
 - a statement made by somebody
   or for somebody who is accused
   of a crime

Lewis, take these off.
루이스, 이것 좀 풀어줘요.

▶ take off는 '(모자 · 구두 등을) 벗다, 제거하다, 떼내다'의 뜻이며, off는 부사이므로
　대명사 목적어 다음에 둔다.

52. INT. VISITATION. MOMENTS LATER
Lincoln walks into the caged visitation box, his arms free and sits down opposite L.J.

L.J.　　　　　: So, here we are.

L.J. smiles awkwardly. Lincoln nods.

LINCOLN　　　: Yeah. How you been?

L.J.　　　　　: (laughing nervously) You know. In trouble.

LINCOLN　　　: How's your mom?

L.J.　　　　　: (shrugging) She's good.

LINCOLN　　　: I, uh, been talking to the chaplain, and they'd like me to decide on who I should, uh, have at the, uh ...

He doesn't want to say it and just rubs his chin.

LINCOLN　　　: I guess what I'm tryin' to say is, when you get to the end, you start to realize what's important to you. You know, who really matters to you.

L.J. looks confused.

LINCOLN　　　: And, uh, you know, that leaves you and Mike. The only blood I got left in this ... this world.

The shot goes to L.J., who has tears in his eyes.

52. 내부. 방문객실. 잠시 후
링컨은 수갑이 채워지지 않은 채 울타리가 쳐진 면회실로 들어와 맞은편에 앉는다.

엘제이 : 이렇게 또 만나네요.

엘제이는 어색하게 웃는다. 링컨은 고개를 끄덕인다.

링 컨 : 그래. 잘 지냈니?

엘제이 : (초조하게 웃으며) 아시잖아요. 말썽 일으킨 거.

링 컨 : 엄마는 어때?

엘제이 : (어깨를 으쓱하며) 잘 지내세요.

링 컨 : 저, 교도소 사목이랑 얘기했는데 참관인을 정하라는구나. 내가…

그는 말하고 싶지 않아서 그저 자기 턱을 쓰다듬는다.

링 컨 : 그러니까 내 말은, 사람은 죽을 때가 되어야 소중한 게 뭔지 깨닫게 돼. 누가 소중한지도.

엘제이는 혼란스러워 보인다.

링 컨 : 그런데 내겐 너하고 마이클이 그런 존재야. 이 세상에 남게 될 유일한 혈육이니까.

카메라는 눈물이 글썽이는 엘제이를 비춘다.

■**shrug**
(양 손바닥을 내보이면서 어깨를) 으쓱하다
- to raise your shoulders and then lower them to show that you do not know or care about something

■**chaplain**
예배당 목사, 군목, 군종 신부, 교도소의 교회사
- a priest or other Christian minister who is responsible for the religious needs of people in a prison, hospital, etc. or in the armed forces

How you been?
잘 지냈니?

▶ How have you been?이 준 표현으로 구어체에서 흔히 have를 생략하기도 한다.

L.J.   : Yeah, I ... I gotta say, I'm not really following what you're sayin'.

LINCOLN   : Well, uh, in the end, the only thing that matters is love. Blood, family, you.

L.J. nods quietly. Lincoln licks his lips.

LINCOLN   : Um ...

He looks up and reaches his hand over the glass to the steel-linked chain at the top of the cage.

LINCOLN   : Give me your hand.

L.J.   : What are you doing?

LINCOLN   : Give me your hand. Give me your hand.

L.J. hesitates, then reaches up, touching his fingers with Lincoln. He tries to hold his tears back.

LINCOLN   : I want you to be there ... (pauses) I want you to be there the day before I die. (looks at L.J.) So I can see you. So I can hold you.

L.J. nods, blinking back tears.
Lincoln sees something in his expression.

LINCOLN   : I, uh, love you. Always loved you.

엘제이　　: 전… 전 무슨 말씀인지 정말 모르겠어요.
링 컨　　: 결국 가장 중요한 건 사랑이란 거다. 핏줄, 가족,
　　　　　너 말이야.

엘제이는 조용히 고개를 끄덕인다. 링컨은 자기 입술을 핥는다.

링 컨　　: 음…

그는 위를 보면서 손을 뻗쳐 칸막이 방의 쇠사슬로 연결된 유리 위로 갖다 댄다.

링 컨　　: 손 좀 대봐.
엘제이　　: 뭐 하시는 거예요?
링 컨　　: 손 대봐. 손 대봐.

엘제이는 주저하다가 손을 뻗어 링컨과 손가락을 댄다. 그는 눈물을 억제하느
라고 애를 쓴다.

링 컨　　: 거기에… 네가 와 줬으면 좋겠다. (잠시) 내가 죽
　　　　　기 전날 거기에 네가 와 줬으면 좋겠어. (엘제이를
　　　　　바라본다) 널 볼 수 있게. 널 안아 볼 수 있게.

엘제이는 눈을 깜박거리면서 눈물을 참으며 고개를 끄덕인다.
링컨은 아들의 표정에서 뭔가를 본다.

링 컨　　: 난, 어, 널 사랑한다. 언제나 널 사랑했어.

- **lick**
  ~을 핥다
  - to move your tongue over the surface of something in order to eat it, make it wet or clean it
  - to eat or drink something by licking

- **hold back**
  ~을 억제하다, 자제하다, 감추다
  - to stop yourself from expressing how you really feel

- **blink back**
  ~을 눈을 깜작거리며 털어버리다
  - to try to control tears or clear your eyes by blinking

I'm not really following what you're sayin'.
무슨 말씀인지 정말 모르겠어요.

▶ follow는 '(설명 등을) 따라가다, (분명히) 이해하다'의 뜻임.

He answered the question that was unasked.
L.J. sighs and smiles, trying not to cry.

L.J.   : This whole thing, uh ...

He pauses as emotions threaten to overwhelm him.

L.J.   : I don't know if I can take it.

LINCOLN   : (shaking his head) Me neither. (laughs shortly) I don't have a choice. (pauses) You do.

L.J. ducks his head and tries to hold back tears.
The camera pulls back to show both men, more than just hands finally connected, though the glass separates them.

53. EXT. OUTDOOR RESTAURANT. DAY

Sebastian has been sitting at a table for what appears to be a long time. He looks around, spotting Veronica, shakes his head. She walks up to him and takes a seat at the table.

VERONICA   : I am so sorry.

Sebastian nods his head and she puts her hands on his.

VERONICA   : I met with this woman today, and she knew things about Lincoln's case. And then she just disappeared. I think something happened to her.

SEBASTIAN   : (not interested) Look, I'm gonna make this real easy for you. Do you wanna get married or not?

그는 묻지도 않은 질문에 대답을 했다.
엘제이는 한숨을 쉬고는 웃는다. 울지 않으려고 애를 쓴다.

엘제이   : 이 모든 걸, 어…

그는 감정이 자기를 압도하려고 위협을 하자 잠시 멈춘다.

엘제이   : 제가 감당할 수 있을지 모르겠어요.
링 컨   : (고개를 가로저으며) 나도 그렇단다. (잠깐 웃는다) 하지
             만 나한테는 선택의 여지가 없어. (잠시) 넌 달라.

엘제이는 고개를 파묻고 눈물을 참으려고 애를 쓴다.
카메라는 뒤로 빠지며 비록 유리가 그들을 갈라놓고는 있지만 마침내 두 손이
결합된 채 앉아 있는 두 사람을 비춘다.

53. 외부. 야외 레스토랑. 낮
세바스찬이 오랜 시간처럼 보이는 동안 테이블에 앉아 있다. 그는 주위를 살
피다가 베로니카를 보고는 고개를 가로젓는다. 그녀는 그에게 다가가 테이블
에 앉는다.

베로니카   : 정말 미안해.

세바스찬은 고개를 끄덕이고 그녀는 세바스찬의 손 위에 자기 손을 놓는다.

베로니카   : 오늘 링컨의 사건에 대해 아는 여자를 만났는데,
              그냥 사라져 버렸어. 무슨 일이 생긴 것 같아.
세바스찬   : (관심이 없이) 이봐, 아주 간단하게 해줄게. 결혼하
              고 싶은 거 맞아, 아니야?

■ **duck**
(머리를) 홱 숙이다, (몸을) 홱 굽히다
- to move your head or body downwards to avoid being hit or seen

■ **spot**
〈구어〉 ~을 발견하다, 분별하다, 분간하다
- to see or notice a person or thing, especially suddenly or when it is not easy to do so

Me neither.
나도 그렇단다.

▶ I don't know if I can take it.을 받는 말이다.

The shot goes to Veronica's face.

VERONICA   : I don't know.

SEBASTIAN   : (with a fake smile) Wonderful.

He pulls his hand away from hers.

VERONICA   : Maybe we could postpone it. Okay, I can't do this right now. My head's not in it. It's supposed to be a celebration.

SEBASTIAN   : If you're really telling me you wanna postpone this thing, then I wanna cancel it.

Veronica's eyes swim with tears.

VERONICA   : Sebastian, I'm sorry.

SEBASTIAN   : (nodding, brightly) I'll come and get my stuff tomorrow.

He picks up his keys and leaves Veronica sitting there alone. Veronica sighs.

54. INT. FOX RIVER. MICHAEL'S CELL. NIGHT
Michael opens a book, where the Allen bolt from the bleachers is embedded in the pages. He takes it from a cavity and goes over to the toilet. Carefully he starts unscrewing one of the bolts on the toilet assembly.
C.O. Bellick calls out.

BELLICK   : (V.O.) Open on forty!

카메라는 베로니카의 얼굴을 비춘다.

베로니카 : 모르겠어.

세바스찬 : (거짓 웃음으로) 멋지군.

그는 그녀의 손에서 자기 손을 빼낸다.

베로니카 : 연기할 수 있을 거야. 그래, 당장은 곤란해. 내 머리가 복잡해. 기뻐야 하는 일인데.

세바스찬 : 진심으로 이번 일을 연기하고 싶은 생각이라면 내가 취소하겠어.

베로니카의 눈에 눈물이 글썽인다.

베로니카 : 세바스찬, 미안해.

세바스찬 : (밝게 고개를 끄덕이며) 내일 짐 가지러 갈게.

그는 지신의 열쇠를 들고 베로니카를 혼자 앉아 있게 하고는 자리를 뜬다. 베로니카는 한숨을 쉰다.

54. 내부. 폭스 리버. 마이클의 감방. 밤

마이클은 책을 편다. 거기에는 관람석으로부터 가져온 앨런 볼트가 페이지 속에 끼어 있다. 그는 그것을 움푹 파인 곳에서 집어내어 변기로 간다. 주의 깊게 그는 변기 위의 볼트 중 하나의 나사를 돌리기 시작한다.
벨릭 교도관이 소리를 친다.

벨 릭 : (목소리) 40호실 개방!

- **fake**
  가짜의, 위조의, 모조의
  - not genuine
  - appearing to be something it is not
  - made to look like something else

- **embed**
  (물건을) 깊숙이 박다, 파묻다, 끼워 넣다
  - to fix something firmly into a substance or solid object

- **cavity**
  공동, 움푹한 곳, 충치의 구멍
  - a hole or empty space inside something solid
  - a hole in a tooth

I'll come and get my stuff tomorrow.

내일 짐 가지러 갈게.

▶ I'll come to get my stuff tomorrow.와 같은데 come and get 대신 come get로 쓰기도 한다.

The cell door slides open and Michael rushes to get the Allen out and stands, slipping the Allen into his pocket right when Bellick walks in.

BELLICK : Scofield. Found you a new cellie.

He steps into the cell.

BELLICK : As luck would have it, I found him in Psych Ward. You were the only guy with an empty tray, so ...

MICHAEL : Psych Ward?

BELLICK : You got a problem with that?

He pulls out his baton.

BELLICK : 'Cause if you do, please feel free to drop it in my suggestion box here.

He taps the toilet with his baton. Michael stares at him, and he walks out. Michael looks down at the sink.

BELLICK : (V.O.) Haywire, get in here.

He pushes a scrawny, sickly-looking man into the cell.

BELLICK : Close it up on forty!

The cell door closes.

감방 문이 쓱 열리자 마이클은 급히 앨런 볼트를 빼내고 일어서서는 벨릭이
들어 올 때 그 볼트를 자기 주머니에 집어넣는다.

벨 릭   : 스코필드. 새 감방 친구를 구했다.

그는 감방으로 들어선다.

벨 릭   : 운 좋게도 정신 이상 격리동에서 그를 찾았는데,
              빈 침상이 여기 뿐이라…
마이클   : 정신 이상 격리동요?
벨 릭   : 거기와 무슨 문제 있나?

그는 자기 곤봉을 꺼낸다.

벨 릭   : 문제 있으면 언제라도 여기 내 건의함에 적어 넣어.

그는 곤봉으로 변기를 두드린다. 마이클은 그를 노려보는데 그는 나간다.
마이클은 변기를 내려다 본다.

벨 릭   : (목소리) 헤이와이어, 들어 가.

그는 수척하고 병들어 보이는 한 수감자를 감방으로 밀어넣는다.

벨 릭   : 40호 닫아!

감방 문이 닫힌다.

- **psych**
  〈구어〉 심리학(psychology), 정신병
  의사(psychiatrist)

- **tray**
  정리함, 서류함, 짐칸

- **scrawny**
  (사람 · 동물 등이) 수척한, 여윈
  - (of people or animals) very thin in a
    way that is not attractive

as luck would have it

운 좋게도

▶ 관용적인 표현으로 luck 앞에 good, ill을 쓰기도 함.

BELLICK : Oh, and Scofield, just a heads-up. Don't make eye contact with him.

He walks away.
Haywire stares at the wall and around. Michael looks back to the sink.

55. EXT. FOX RIVER. GUARD TOWER. DAY
A C.O. watches down at the yard.

56. EXT. YARD. DAY
Lincoln, in his segregated cage, shoots at a hoop. He walks over to Michael who walks along on yard duty.

MICHAEL : Lincoln, we have a problem. I got a new cellmate.

LINCOLN : Who?

Michael nods at Haywire across the yard.
The shot goes to Haywire looking around.

LINCOLN : (V.O.) That's a problem.

MICHAEL : (V.O.) We're just going to have to bring him on board.

LINCOLN : You don't bring a guy like that on board.

MICHAEL : Then I'll work at night, when he's sleeping.

He leans on the fence. C.O. Stolte notices them.

C.O. STOLTE : Ten feet, Scofield.

He waves him away from Lincoln and the two separate slightly. But as the C.O. turns back around, they move towards the fence again.

벨 릭 : 아, 그리고 스코필드, 경고로 말해 주는데. 그와
눈 마주치지 않도록 해.

그는 사라진다.
헤이와이어는 벽과 주위를 응시한다. 마이클은 변기를 돌아다 본다.

55. 외부. 폭스 리버. 감시탑. 낮
한 교도관이 운동장을 내려다 보며 감시한다.

56. 외부. 운동장. 낮
격리된 칸막이 지역에 있는 링컨이 농구 링을 향해 슛을 쏜다. 그는 운동장에
서 작업을 하면서 걸어오고 있는 마이클에게 다가간다.

마이클 : 형, 문제가 생겼어. 새 빵 동기가 생겼거든.
링 컨 : 누군데?

마이클은 건너편 운동장에 있는 헤이와이어를 머리로 가리킨다.
카메라는 주위를 둘러보고 있는 헤이와이어를 비춘다.

링 컨 : (목소리) 정말 문세군.
마이클 : (목소리) 녀석도 합류시켜야 해.
링 컨 : 저런 놈을 어떡해?
마이클 : 그러면 녀석이 잘 때 작업해야지.

그는 울타리에 기댄다. 스톨트 교도관이 그들을 목격한다.

스톨트 교도관 : 3미터 떨어져라, 스코필드.

그는 링컨에게서 떨어지라고 마이클에게 손짓을 한다. 둘은 약간 떨어진다.
하지만 교도관이 몸을 돌리자 그들은 다시 울타리를 향해 움직인다.

- **heads-up**
  〈속어〉 경계, 경고, 주의

- **hoop**
  (농구의) 링
  - a large ring of plastic, wood or iron
  - the ring that the players throw the ball through in the game of basketball in order to score points

- **bring ~ on board**
  ~을 승선〔승차〕시키다, 싣다
  - to bring somebody on a ship, train, plane, bus, etc.

Don't make eye contact with him.
그와 눈 마주치지 않도록 해.

▶ eye contact은 '시선을 마주침'의 뜻임. 상대와 대화를 하면서 시선을 마주치는 것이
예의임.

131

LINCOLN : How far behind are we?

MICHAEL : Three days.

LINCOLN : Thought you said the margin of error was zero days.

He bounces the basketball.

MICHAEL : I did.

He walks off.
Lincoln leans on the fence and looks at Haywire.
Haywire stares at Lincoln.

57. EXT. COUNTRYSIDE. DAY
Kellerman and Hale pull up in their car and parks it in a secluded area near the woods. They step out.

KELLERMAN : Ah ... nice out here. I got a buddy who's got a place way back up in these woods. Come up here hunting around this time of year. Man.

They open the trunk of the car. Leticia, bound and gagged, kicks out at them and she mumbles under a gag.

KELLERMAN : Put her back in. Back in.

Kellerman directs to Hale. They both try again and this time succeed in removing her from the trunk.

KELLERMAN : Here. Come here.

링 컨   : 우리 얼마나 지체됐지?

마이클   : 3일.

링 컨   : 하루도 여유 없다면서 3일이나.

그는 농구공을 튀긴다.

마이클   : 맞아.

그는 걸어간다.
링컨은 울타리에 기댄 채 헤이와이어를 본다.
헤이와이어는 링컨을 바라본다.

57. 외부. 시골. 낮

켈러먼과 헤일이 차를 세우고는 숲 가까이 동떨어진 곳에 차를 주차한다. 그
들이 걸어나온다.

켈러먼   : 아… 시외에 나오니 좋군. 친구 하나가 이 숲속
               에 별장을 하나 갖고 있는데. 이맘때면 여기로
               사냥을 오지.

그들은 차의 트렁크를 연다. 레티샤가 결박당하고 입에 재갈이 물린 채 그들
을 발로 차며 막힌 입을 통해 중얼거린다.

켈러먼   : 여자를 다시 처 넣어. 다시 넣어.

켈러먼은 헤일에게 지시한다. 그들 둘이서 다시 시도를 한다. 이번에는 그녀
를 트렁크에서 옮기는 데 성공한다.

켈러먼   : 이리 와 봐.

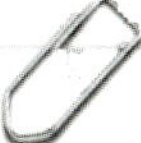

- **bounce**
  (공 등을) 튀기다, 뛰어오르게 하다

- **secluded**
  (장소가) 외딴, 세상에서 격리된, 은둔한
  - (of a place) quiet and private; not
    used or disturbed by other people
  - without much contact with other
    people

- **gag**
  입을 막다, 재갈을 채우다〔물리다〕
  - to put a piece of cloth in or over
    somebody's mouth to prevent
    them from speaking or shouting
  - to prevent somebody from
    speaking freely or expressing their
    opinion

How far behind are we?
우리 얼마나 늦었지?

▶ behind는 '(때 · 시간이) 늦어, (일 · 발달 등이) 뒤져서'의 뜻이다.

He grabs her arms behind her.

KELLERMAN : Take her out there.

HALE : She's nothing. Nobody would believe her if she talked anyway.

Leticia looks at Kellerman pleadingly, her mouth taped shut.

KELLERMAN : (ignoring Hale) Hundred yards or so should do it.

Hale hesitates.

KELLERMAN : Do it. Go!

58. EXT. WOODS. CONTINUOUS
Hale takes Leticia out into the forest and she puts up a fight as he puts her on her knees and stands behind her.

HALE : I'm sorry.

He struggles to get his gun out to shoot her execution style.

HALE : You gotta believe me.

Just then a train's whistle sounds loudly and distracts him. He looks up and Leticia gets up and runs off.

HALE : Dammit!

그는 그녀 뒤에서 그녀의 팔을 움켜쥔다.

켈러먼　 ： 저쪽으로 데려 가.

헤 일　 ： 이럴 거 없잖아요. 어쨌든, 아무도 이 여자 말은
　　　　　믿지도 않을 텐데.

레티샤는 입에 테이프를 붙인 채 애원하듯이 켈러먼을 바라본다.

켈러먼　 ： (헤일의 말을 무시하며) 100미터 정도에서 끝내.

헤일은 주저한다.

켈러먼　 ： 어서. 가라니까!

58. 외부. 숲. 계속
헤일이 레티샤를 숲속으로 데려오고 그가 그녀의 무릎을 꿇게 하고 그녀 뒤에
서는 동안 레티샤는 계속 발버둥 친다.

헤 일　 ： 미안해요.

그는 그녀를 처형하듯 쏘기 위해 총을 잡느라 애를 쓴다.

헤 일　 ： 정말이에요.

바로 그때 기차의 경적 소리가 크게 울리면서 그의 주의를 끈다. 그는 위를 바
라보는데 레티샤가 일어나 도망을 친다.

헤 일　 ： 젠장할!

- **pleadingly**
  탄원하며, 변론하며
  - in an emotional way that shows
    that you want something very
    much but are not certain that
    somebody will give it to you

- **put up a fight**
  싸우다

- **execution**
  사형 집행, 처형
  - the act of killing somebody,
    especially as a legal punishment
  - the act of doing a piece of work,
    performing a duty, or putting a
    plan into action

You gotta believe me.
날 믿어야 해요.

▶ You have to believe me.나 You've got to believe me.와 같은 표현이다.

He aims at her and shoots after her, missing. She keeps running, screaming under her duck taped mouth. Kellerman hears the commotion and starts to run. Hale shoots again and connects with her calf. She falls over but continues to crawl forward. Hale catches up quickly, though. Kellerman follows them. Hale raises his gun.

LETICIA : **Please!** (terrified of him, *edging away*) **Please.**

Her mouth is ungagged.
Hale points the gun at her, but falters.

LETICIA : **Please.**

Another gun's shot rings out and the camera pulls back to reveal Kellerman with a smoking gun. Leticia lays on the ground, dead.

KELLERMAN : (disgusted) **Pick up the casings.**

He walks off.

59. EXT. FOX RIVER PENITENTIARY. NIGHT

60. INT. MICHAEL'S CELL. NIGHT
Michael has waited enough time to presume that Haywire is asleep on the top bunk. Michael reaches up under his bed-frame and pulls out the bolt. He quietly stands up and walks to the sink. He begins to work on pulling it out. There's a creaking of bedsprings and Michael looks up. Haywire is staring at him.

MICHAEL : **What's your problem?**

그는 그녀를 조준하고는 총을 쏘는데, 빗나간다. 그녀는 계속 달리면서 입에 테이프로 막힌 채 비명을 지른다. 켈러먼이 이 소란 소리를 듣고는 달리기 시작한다. 헤일은 다시 총을 쏴 그녀의 장딴지를 맞힌다. 그녀는 쓰러지지만 계속 앞을 향해 기어간다. 하지만 헤일은 재빨리 따라간다. 켈러먼이 그들을 따른다. 헤일은 총을 든다.

레티샤   : 제발! (그를 두려워하며 차차 멀어져 간다) 제발.

그녀의 입에서 테이프가 떨어진다.
헤일은 그녀에게 총을 겨누지만 주저한다.

레티샤   : 제발.

다른 총이 발사되며 카메라는 뒤로 빠져 연기 나는 총을 들고 있는 켈러먼을 비춘다. 레티샤는 바닥에 쓰러지며 죽는다.

켈러먼   : (역겨워하며) 탄피 주워 담아.

그는 급히 떠난다.

59. 외부. 폭스 리버 교도소. 밤

60. 내부. 마이클의 감방. 밤
마이클은 헤이와이어가 위쪽 침대에서 잠이 들었다고 생각될 때까지 충분히 기다렸다. 마이클은 자기 침대 틀 밑에 손을 뻗어 볼트를 꺼낸다. 그는 조용히 일어나서 세면대로 걸어간다. 그는 그것을 끌어내는 작업을 시작한다. 침대 스프링이 삐걱거리는 소리가 나자 마이클이 쳐다본다. 헤이와이어가 그를 응시하고 있다.

마이클   : 왜 그래?

- **commotion**
  동요, 소동, 소란
  - sudden noisy confusion or excitement

- **calf**
  장딴지, 종아리
  - the back part of the leg between the ankle and the knee

- **edge away**
  차차 멀어져 가다
  - to move or to move something slowly and carefully in a particular direction

- **casing**
  껍질, 포장, 외피
  - a covering that protects something

What's your problem?
뭐가 문제야?

▶ What's your trouble?과 유사한 표현이다.

HAYWIRE : I got a neuroanatomic lesion affecting my reticular
activating system.

MICHAEL : What does that mean?

HAYWIRE : It means I don't sleep. At all.

He leans back on his pillow and Michael slumps down onto his arm. He looks
supremely frustrated. The shot zooms through the tunnels and sewers of the prison.

헤이와이어   : 난 신경 해부학적 손상으로 망상 활성계가 비정
             상이야.
마이클   : 그건 무슨 뜻이야?
헤이와이어   : 잠을 안 잔다는 뜻이야. 전혀.

그는 자기 베개 위에 몸을 기대고 마이클은 자신의 팔에 무너지듯이 앉는다.
그는 지극히 좌절한 표정이다. 카메라는 교도소의 터널과 하수구를 비춘다.

■ **neuroanatomic**
　(생물체의) 신경 구조의, 신경 해부학의

■ **lesion**
　〈병리〉 조직이나 기능의 장애, 손상,
　정신적 상해
　- damage to the skin or part of the
　　body caused by injury or by illness

■ **reticular**
　그물 모양의, 망상 조직의, 망상 진화의

'탈옥'은 시작인가, 끝인가?

〈프리즌 브레이크〉는 브렛 래트너(Brett Ratner)라는 총제작자 겸 감독으로부터 잉태된 걸작이라 해도 과언이 아니다. 뉴욕대학교를 졸업한 후 1990년에 "Whatever Happened to Mason Reese"의 제작자로 데뷔한 후 〈러시아워(Rush Hour)〉 (1998), 〈러시아워 2〉 (2001), 〈러시아워 3〉 (2007) 시리즈의 재기 넘치는 감독 정도로 인식되던 브렛 래트너는 최근 〈엑스멘: 최후의 전쟁(X-Men: The Last Stand〉 (2006)을 통해 많은 엑스멘 팬들의 원성을 사기도 한 인물이다. 하여간 그는 2005년 "끝내 주는 대본이 있다"는 20세기 폭스사의 게일 버먼의 제안을 받고 〈프리즌 브레이크〉에 뛰어들었다. 제작자, 감독, 각본가로 명성이 높은 폴 셰링이 시즌 4까지 기획했다는 말에 매료된 것이다. 작품을 읽어 본 그는 시나리오까지 완벽한 데 놀라움을 금치 못했다. TV 드라마 연출 경험이 전무했던 래트너는 자신과 함께했던 영화 스태프들을 시리즈에 끌어들이는 것을 조건으로 에피소드 1 '파일럿' 연출에 들어

갔다. 처음에는 14일에 한 편을 완성하겠다고 했지만 편집자인 마크는 그것은 불가능하다고 했다. 어쨌든 〈레드 드래건〉(2002) 등에서 그와 최근 작 4편을 함께했던 단테 스피노티 촬영 감독과, 10여년간 함께 호흡을 맞춰온 편집 기사 마크 헬프릭이 래트너의 조력자로 합세했다. 영화 작업의 연장이라고 생각한 그는 와이드 스크린 포맷으로 연출을 시도했다. 이렇게 각각의 에피소드가 유기적으로 맞물리고 있는 〈프리즌 브레이크〉는 브렛 래트너 감독의 의도처럼 전체가 하나의 거대한 스릴러 영화의 구조를 하고 있다. 물론 그 중심에는 천재 스코필드가 펼치는 고도의 두뇌 플레이가 자리잡고 있다. 이미 탈옥에 관한 모든 걸 계산하고 교도소에 들어온 그는 시시각각 닥쳐오는 여러 고비들을 특유의 천재성으로 헤쳐 나간다.

브렛 래트너가 에피소드 1 DVD의 스페셜 피처에서 밝힌 것처럼 처음에 캐스팅이 무척 힘이 들었다. 먼저 마이클 스코필드를 누구로 선택할 것이냐에 고민이 심했다. 〈슈퍼맨〉 제작시 웬트워스 밀러가 오디션을 왔었는데 연기력은 훌륭했지만 배역은 못 땄던 기억이 났다. 그는 그때 그에게 강한 인상을 받았던 것이다. 웬트워스 이외에는 스코필드 역할을 제대로 해낼 배우가 없다는 생각이 들었다. 그는 스티브 매퀸과도 같은 매력을 지닌 배우였다. 그와 링컨 버로스의 도미닉 퍼셀의 조합은 대개 성공한 프로그램이 주인공 간의 관계에 기인하듯 두 사람은 실제 형제라고 믿어질 정도였다고 그는 말한다. "정말 형제처럼 보이기도 하고요. 외형만으로도 이미 성공한 셈이죠. 웬트워스는 너무 인상적이라 대사를 할 필요도 없어요. 그의 강렬한 외모가 시리즈 전체를 이끌어간다고 해도 과언이 아니죠. 생각이 많은 친구에요. 똑똑한 친구며 배우로서도 항상 생각에 잠겨 있어요. 표정만 봐도 말은 하지 않지만 머

리를 쓴다는 걸 알 수 있어요. 캐스팅이야말로 이 작품의 성공 비결이라고 생각해요."

그는 베로니카 역의 로빈 터니도 정말 훌륭한 연기자라고 말한다. 그의 말을 직접 들어보자.

"놀라스코도 오디션에서 훌륭했어요. 그는 활발한 친구로 웬트워스에겐 완벽한 감방 동기였어요. 별로 똑똑하지도 않고 완벽하게 반대죠. 웬트워스는 처음 교도소에 간 신참이고, 웬트워스는 심각한 데 반해 수크레는 호기심 많고 애인에 대한 열정이 강한 수감자로 두 사람은 서로 통하는 데가 있어요. 모든 캐릭터가 다 그랬어요. 교도소장의 스테이시 키치와 웬트워스 관계도 마찬가지입니다. 역시 캐스팅이 성공의 비결이었죠. 시나리오도 좋았지만 흔치 않은 소재의 작품으로 모든 게 폴 셰링 덕분이라고 생각합니다. 시나리오가 탄탄하고 '파일럿'에서 모든 게 드러나지 않아 시청자로 하여금 시리즈를 끝까지 보게 만들죠. 14일 안에 촬영이 가능했던 점도 시나리오가 워낙 탄탄하게 잘 쓰여졌기 때문이었어요. 시나리오에서 촬영까지 거의 변화를 준 게 없어요. 연기자들도 철저하게 준비해서 정확히 대본대로 촬영했어요. 배우들은 실제 스토리처럼 당황하고 있었죠. 차후 어떻게 될지 알지 못했으니까요. 죽게 될지, 아니면 탈옥을 하게 될지…. 그건 지금 해설판을 녹음하고 있는 우리 자신도 모르는 일이죠. 저도 일주일에 한번씩 보며 종이학이 대체 무슨 의미일까 그 해답을 기다리고 있습니다."

이 점이 이 시리즈를 성공시킨 핵심이다. 두 시간여에 한 편으로 끝나는 〈쇼생크 탈출〉이나 〈빠삐용〉 같은 탈옥 영화와 달리, 끝없이 스토리가 물고 물리는 TV 드라마 시리즈가 그토록 시청자의 마음을 사로잡을 수 있는 비결은, 인물들에 흠뻑 빠져 연기에 녹아들고 앞으로 어떻게 탈출이 이뤄질지에 온통 말초 신경을 집중하게 되는 데에 있다. 그러므로 DVD를 보는 사람들은 속시원히 결과를 지켜볼 수 있어 행운아인 셈이 아닐까?

에피소드 3의 내용은 다음과 같다.

전편에서 아브루치 일당에게 발가락이 잘린 마이클은 오직 한 가지 목표를 위해 형 링컨

의 분노에도 불구하고 그 아브루치를 이용할 생각에 여념이 없다. 그의 치밀한 계획에는 아브루치와 수크레 모두가 이미 각본에 짜여진 인물들인 것이다. 물론 여기서 주지사의 딸인 탠크레디 의사가 이성으로서 마이클의 일에 점점 빠져드는 장면이 병행된다. 복선이 깔리는 것이다.

감방에서부터 탈출 통로를 만들어야 하는 마이클에게는 감방 동기인 수크레가 믿을 만한 동료인지를 알아내는 게 급선무다. 그는 비누로 가짜 휴대전화를 만들어 형과 함께 그를 시험하여 믿을 만한 인물임을 밝혀낸다. 한편 베로니카는 약혼자인 세바스찬과 파혼까지 당하면서 링컨 사건의 배후를 알고 있는 레티샤를 설득해 증언을 늘으려고 한다. 그 사이 링컨의 아들인 엘제이는 멘토로 정해진 아버지를 찾아와 아버지와 눈물겨운 부자의 정을 나누지만, 링컨은 포프 소장과 사형 집행시의 목사한테 마지막으로 떠나는 장면을 아무에게도 보이고 싶지 않다고 확신 있게 대답한다. 한편 마이클을 해치려는 티백의 음모는 칼을 갈고, 아브루치가 마이클과 한패가 되어 가는 과정이 톱니바퀴처럼 돌아간다. 그러나 스릴러답게 레티샤는 베로니카의 사무실에서 사건의 결정적인 진술 도중에 납치되고, 수크레는 마이클에게서 탈옥 계획을 듣고는 그를 원망하며 다른 감방으로 떠나버린다. 설상가상으로 새 감방 동기가 된 헤이와이어는 잠을 자지 못하는 증세를 앓고 있는 환자였으니 마이클은 이런 상황에서 위기를 기회로 만들 수 있을까? 숲속에서는 레티샤를 납치하여 사살하는 헤일과 켈러먼의 총소리만 들리는데….

베로니카 도노반
(Veronica Donovan)

링컨 버로스의 첫사랑으로 옛 애인이며 링컨의 변호인이다. 원래 부동산 전문 변호사인데 링컨의 사건에 끼어드는 불행한 여인이다. 링컨의 '자신이 무죄이며 억울하게 누명을 썼다는 주장'을 처음엔 믿지 않고 심한 말도 서슴지 않지만 마이클이 도움을 요청하자 사건의 증인과 증거물을 찾아 나선다. 링컨의 범죄 사건 배후에 뭔가 석연치 않은 구석이 있음을 감지한 그녀는 결혼을 앞두고 약혼자인 세바스찬과도 결별하고 링컨을 위해 본격적으로 사건에 뛰어든다. 증인들은 하나씩 의문의 죽음을 당하고 증거물은 사라지고 자신마저도 생명의 위협을 느끼자 링컨의 무죄를 더욱 확신하고 신변의 위험을 무릅쓰고 사건에 깊숙이 파고들게 되는데… 사랑인지 직업 의식인지… 링컨이 다른 여자와의 사이에 아들이 생기는 바람에 링컨과 헤어졌지만 여전히 링컨을 잊지 못하는 애매한 태도… 아니면 오지랖이 넓은 건지는 차후에 작품을 더 보면 알게 되겠지만 링컨이 체포되기 전에는 마이클과도 관계가 묘했던 것 같다. 하여간 여자로서는 벅찬 사건에 말려들어 마이클, 링컨 형제를 위해 안간힘을 쓰지만 결국엔 그녀 또한 비참한 최후를 맞이하며 음해 세력의 희생양이 되어 버리고 만다. 너무나 측은한 캐릭터! 불쌍해서 눈물이 날 정도다.

로빈 터니
(Robin Tunney)

〈프리즌 브레이크〉에서 베로니카 도노반 역을 맡은 로빈 터니(Robin Tunney)는 1972년 6월 19일 미국 시카고에서 태어났다. 신장은 163센티미터로 비교적 작은 편. 시카고 예술 아카데미(Chicago Academy for the Arts)에서 연기를 공부하고 1987년 TV 영화 "Frog"로 데뷔했다. 그녀는 18세에 로스앤젤레스로 가 텔레비전 쇼인 "Life Goes On" (1989), "Class of '96" (1993), "Law & Order" (1990), HBO's "Dream On" (1990)과 ABC 미니 시리즈인 "J.F.K.: Reckless Youth" (1993) (TV)에 출연하였고, "The Craft" (1996)에서 첫 주연을 맡았으며 이 작품으로 MTV 영화상을 획득하기도 했다. 2002년에는 영화 "Cherish"에서 주연을 맡았다. 1997년 제54회 베니스영화제에서 "Niagara, Niagara"로 최우수 여우주연상, 2006년 보스턴영화제에서 "Open Window"로 역시 최우수 여우주연상을 수상하는 등 여러 영화제에서 수상과 노미네이트된 바 있다.

1997년 10월에 밥 고스와 결혼하였으나 지금은 별거 중이다.

로빈 터니의 출연작은 지금까지 총 37편으로 그 중 대표적인 것은 "Hollywoodland" (2006), "The Darwin Awards" (2006), "The Zodiac" (2005), "Runaway"(2005), "House M.D." (2episodes, 2004), "Shadow of Fear" (2004), "The In-Laws" (2003), "The Twilight Zone" (1episode, 2003), "The Secret Lives of Dentists" (2002), "Investigating Sex" (2001), "Vertical Limit" (2000), "Supernova" (2000) 등이다.

프리즌 브레이크 에피소드 4에서 계속됩니다.